JN125402

ヘレン・ケラーの言語習得

開拓社
言語・文化選書
85

ヘレン・ケラーの言語習得

奇跡と生得性

米山三明 著

開拓社

ま え が き

　ヘレン・ケラー（Helen Adams Keller: 1880–1968）との出会いは，20年ほど前に *The Story of My Life*（『自伝』）を読んだ時にさかのぼる。その時，本の中に書かれていた I felt my way to the hearth.（私は手探りで暖炉のところまで行った）といういわゆる way 構文（*way*-construction）を見て，ヘレン・ケラーはこの構文をどのようにして習得したのだろうかと不思議に思い，言語学的な興味を持ったことを覚えている。それからだいぶ時がたったが，アメリカの言語学者ジャッケンドフ（Ray S. Jackendoff）の人間の言語や心に関する考え方が引き金になって，ヘレン・ケラーの英語について，自分なりにその謎を解く手がかりを見つけたように感じている。

　皆さんの中には，ヘレン・ケラーという名前は聞いたことがあっても，実際にどのような人で，サリヴァン（Anne Mansfield Sullivan: 1866–1936）の指導のもと，どのような教育を受け，どのような英語を書いたかをご存じない方もいらっしゃるのではないかと思う。本書を通して，少しでもヘレン・ケラーの言語習得の過程と英語の形成について知っていただければと思っている。

　本書の執筆にあたって，質問に対してご返事をいただいた

レイ・ジャッケンドフ氏，ガイ・モディカ（Guy Modica）氏，ジョン・スカヒル（John Scahill）氏に感謝いたします。また，本書の出版については，開拓社出版部の川田賢氏にいろいろとご配慮をいただきました。改めて厚くお礼申し上げます。

引用の許諾について

　本書における下記の本からの英語の引用については，Norton 社（W.W. Norton & Company, Inc.）から許諾をいただいております。

> *The Story of My Life* / Helen Keller; with supplementary accounts by Anne Sullivan, her teacher, and John Albert Macy (The Restored Classic); edited with a new fore-word and afterword by Roger Shattuck with Dorothy Herrmann, (2004), W.W. Norton & Company, Inc., New York, NY.（以下，Norton 版と略記）

許諾を与えていただいた Norton 社に改めて感謝の意を表します。

　2020 年 1 月

米山 三明

目　　次

第 1 章

本書について

1.1.　本書の目的

　私はこれまで 2001 年と 2009 年の本の中で，ヘレン・ケラー
が目と耳が不自由であるにもかかわらず，「まえがき」で触れた
way 構文のような表現を使っていたことに注目し，ヘレン・ケ
ラーはどのようにしてこの構文を習得したのであろうかという問
題設定のもと，彼女の英語の特徴を説明しようと試みてきた。し
かし，その一方で，ヘレン・ケラーの書いたものをいろいろと調
べてみると，彼女の英語は，普通の英米人が書く英語とほとんど
変わらず，あるいはそれ以上であることがわかってきた。

　ヘレン・ケラーの場合は，手書きやタイプライターによる「書
く」ことばかりでなく，努力の結果「話す」こともできるように
なっている。点字などを使っての「読む」，手のひらに単語を綴
る指文字や話し手の唇に指を触れることによる「聞く」とあわせ，
いわゆる英語の 4 技能を習得したのである。ヘレン・ケラーが
目と耳が不自由で，しかも，言語を含む教育が始まったのが 6
歳 8 か月になってからという状況であったにもかかわらず，英
語の 4 技能を習得したことは奇跡としか言いようがない。本書
では，4 技能のうちの「読む」と「書く」に焦点を当てながら，
これまでとは見方（発想）を変えて，「普通（以上）の英語が書け
る奇跡」という視点から，ヘレン・ケラーにおける英語の形成に

ついて考察してゆく（ヘレン・ケラーの4技能については2.4節参照）。

　普通の状況ではないにもかかわらず英語の4技能を習得でき
たということは，その習得を支えたものがヘレン・ケラーの中に
あったはずである。もちろん，ヘレン・ケラーの努力と教師とし
てのサリヴァンの献身的なかかわりがあったことは言うまでもな
いことではあるが，人間が自然言語を習得するプロセスが，ヘレ
ン・ケラーの場合にも機能していたと考えることができる。本書
では，生成文法（Generative Grammar）でいう普遍文法（Univer-
sal Grammar: UG）が，彼女の言語習得においても支えになって
いたという想定のもとで，ジャッケンドフの言語や心に関する考
え方に基づいて，言語学的な説明を試みることにする。

　本書には，もう一つ私のこれまでの見方とは異なる点がある。
これまでは，ヘレン・ケラーの英語を彼女の生き方とは切り離し
て，あくまで英語の例文として取りあげて，その特徴を分析して
きた。しかし，本書では，サリヴァンが書いた，ヘレン・ケラー
の教育に関する手紙・報告書やヘレン・ケラーに関する伝記等に
も目を配り，ヘレン・ケラーの英語がどのようにして形成されて
いったかを，彼女の人間形成と結びつけながら考えるようにして
いる。

　本書の中心はヘレン・ケラーの英語について考察することであ
るため，英文の引用の数が多くなっている。それは，読者の方に
ヘレン・ケラーの書いた英語を見ていただき，彼女の成し遂げた
奇跡をその英語を通して感じていただきたいという思いからであ

る。たとえば，2.9 節では，ヘレン・ケラーがいわゆる剽窃 <ruby>剽窃<rt>ひょうせつ</rt></ruby> (plagiarism) を疑われた出来事について触れるが，少し長い引用をすることになる。それは，実際に二つの作品を見比べていただき，その類似性と差異を感じとっていただきたいと考えたからである。

　同様のことは，サリヴァンの手紙・報告書，それに『自伝』の編者であるメイシー (John Albert Macy: 1877–1932) の解説などについても言える。是非，書かれている英語そのものにも興味を持っていただけたらと思っている。なお，英語の引用には，内容を理解するうえで読者の方が困難を感じることのないよう日本語の訳をつけてある。

1.2. 本書の構成

　本書は，ヘレン・ケラーの言語習得における奇跡を，人間言語の生得性の概念を通して解明しようとするものである。その基本的な枠組みは言語学的なものであるが，ヘレン・ケラーの書いた英語を単なる例文として分析するのではなく，彼女の人間形成との関連も考慮に入れながら検討する。

　第 1 章は，本書の目的や構成，使用するテクストなどについての説明である。また，本書における引用の提示の仕方や出典の略記等についても触れる。

　第 2 章では，誕生からその後の 20 年ほどの間にヘレン・ケ

ラーに起こったことを中心に，彼女の言語習得の過程をいくつか
のテーマに分けて見てゆくことにする。具体的には，誕生からサ
リヴァン赴任まで，サリヴァン赴任後の教育，剽窃スキャンダル
の苦い思い出，言語と思考，ラドクリフ・カレッジ（Radcliffe
College）への入学準備と大学生活などである。

　第3章では，ヘレン・ケラーの言語習得を言語学的に考察す
る。ジャッケンドフの言語と心に関する考え方を参考にしなが
ら，普遍文法，個別文法（particular grammar），空間構造（spa-
tial structure），指示と真理（reference and truth）などの観点か
ら，ヘレン・ケラーの言語習得について検討する。

　第4章は，ヘレン・ケラーの英語の形成について，英文法の
視点から見た分析である。「普通（以上）の英語が書ける奇跡」が
どのようなものであったかを，英文法的に興味深い表現や構文を
取りあげながら，彼女の書いた英語を検証する。ヘレン・ケラー
が英語の母語話者と同じように，あるいはそれ以上に，きちんと
した英語を書いていることに驚かれるのではないだろうか。

　第5章では，英語の学習法に関して，ヘレン・ケラーから学
ぶことについて考える。

1.3.　テクストと出典

1.3.1.　使用テクスト

　本書でテクストとして用いるヘレン・ケラー関連の書籍は，以

6

下のとおりである。

○ *The Story of My Life*（『自伝』）

　ヘレン・ケラーの有名な自伝で，彼女がラドクリフ・カレッジ在学中に書いたものである。もともとは 1902 年 4 月から雑誌 *Ladies' Home Journal*（『婦人家庭雑誌』）に 6 回分の連載として発表されたもので，のちにサリヴァンと結婚（1905 年）することになるハーバード大学（Harvard University）の英語の教師メイシーが編集して，1903 年に Doubleday 社から本として出版されている（Shattuck: xv-xvi; 出典の略記については，1.3.2 節参照）（以下，オリジナル版と略記）。Doubleday 社は，ヘレンの大学時代からの友人のダブルデイ（Frank Doubleday）が始めた出版社である（*Midstream*: 269-270）。

　このオリジナル版のタイトルは以下のとおりである。

> *The Story of My Life* by Helen Keller with her Letters (1887-1901), and a supplementary account of her education, including passages from the reports and letters of her teacher, Anne Mansfield Sullivan, by John Albert Macy, (1903), Doubleday, Page & Company, Garden City, New York.

オリジナル版は，1902 年に連載された *The Story of My Life* とヘレン・ケラーが 1887 年から 1901 年までの間に書いた手紙，

それに編者メイシーによる解説から成っている。その解説の中には，サリヴァンが，彼女にとっては母親のような存在であった (Macy: 133)，出身校（パーキンス盲学校（Perkins Institution for the Deaf））の寮母ホプキンス（Sophia C. Hopkins）に送った手紙や校長アナグノス（Michael Anagnos）宛ての報告書などが含まれている。オリジナル版の構成は，以下のとおりである。

Part I:　 *The Story of My Life*

Part II:　Letters（1887–1901）

Part III:　A Supplementary Acount of Helen Keller's Life and Education

　　　　　The Writing of the Book

　　　　　Personality

　　　　　Education

　　　　　Speech

　　　　　Literary Style

日本でヘレン・ケラーの『自伝』という場合は，上記オリジナル版の Part I のことを指すのが普通で，出版されている翻訳も，Part I を対象にしたものになっている。サリヴァンの手紙・報告書は，主に Part III の Education の中に載っており，ヘレン・ケラーの言語習得と人間形成の過程を知ることができる貴重な資料である。

　本書で使うテクストは，「まえがき」で言及した Norton 版で

ある。この本はオリジナル版を復刻したもので，内容に関する削除や省略はないが，サリヴァンの手紙・報告書を独立させるなど，ヘレン・ケラー，サリヴァン，メイシーの3人の書いた箇所がはっきりするように再構成されている。その他，編者シャタック（Roger Shattuck）による「序文」と「あとがき」，もう一人の編者ハーマン（Dorothy Herrmann）による注，それにいくつかの関連した付録（Appendix）がついている。

　ヘレン・ケラーの *The Story of My Life* の出版年については，本の解説などで1902年または1903年と記述されることがあるが，1902年は *The Story of My Life* のオリジナルが雑誌に掲載された年，1903年は他の資料を組み込んで本の形としての出版された年ということで，どちらも間違ってはいないことになる。

○ *The World I Live In*（『私の住む世界』）

　1908年に出版されたもので，目と耳が不自由なヘレン・ケラーがどのように外界を把握していたかなどを知ることができる。本書では，下記のものを使用する。

　　Helen Keller: *The World I Live In*, (1910), The Century Co., New York. (Internet Archive で閲覧可)

○ *Midstream: My Later Life*（『流れの中程：その後の人生』）

　1929年に出版されたもので，いわば *The Story of My Life* の

続編にあたる。本書では，1929 年に出版されたものをそのまま
の形でリプリントした下記のものを使用する。

> Helen Keller: *Midstream: My Later Life*, (2011: Nabu
> Public Domain Reprints), Nabu Press, Charleston, SC.

○ ヘレン・ケラーの伝記

　本書では，ヘレン・ケラーの生涯についても言及することにな
るが，その際に参考とする伝記として以下のものを使用する。こ
の伝記は上で触れた Norton 版の編集にも加わっているハーマン
が書いたものである。Norton 版の編者シャタックは，その「あ
とがき」の中で，この本について，最も信頼でき，感動的な説明
がみられる (Shattuck: 429) と書いている。

> Dorothy Herrmann (1998) *Helen Keller: A Life* (『ヘレン・
> ケラー：ある一生』), University of Chicago Press, Chicago.

1.3.2.　出典の略記

　本書でヘレン・ケラーに関する文献の出典を示す場合は，以下
の（　　）におけるような表記を使用することにする。なお，
Letters については，その手紙が書かれた時のヘレン・ケラーの
年齢も示すことにした。

● Norton 版

  The Story of My Life（*Story*: 頁）

  Letters（1887–1901）（*Letters*: 頁：年齢）

  サリヴァンの手紙・報告書（Sullivan: 頁）

  メイシーの解説（Macy: 頁）

  シャタックの「序文」・「あとがき」（Shattuck: 頁）

  上記以外で Norton 版に載っているもの（Norton 版：頁）

● *The World I Live In*（*World*: 頁）

● *Midstream: My Later Life*（*Midstream*: 頁）

● *Helen Keller: A Life*（Herrmann: 頁）

また，言語学関係の書籍の場合は，たとえば（Jackendoff（2002: 100））のように，出版年と頁を示し，参考文献における著者名と出版年に対応するようにしてある。

1.3.3. 本書における引用について

　本書では，ヘレン・ケラーの言語習得に関連して，サリヴァンの赴任からヘレンのラドクリフ・カレッジ卒業までの間の英語の形成について検討することになるが，その際の引用については，以下のような方針をとることにする。

〈A〉Norton 版からの英語による引用

　ヘレン・ケラーが書いた *Story* と *Letters* からの引用について

は，英語に日本語訳をつけたものを用いることにする。それは，読者の方にヘレン・ケラーが実際に書いた英語を見ていただき，彼女の英語の変遷なども感じていただきたいと思うからである。また，サリヴァンの手紙・報告書についても，できるだけ英語で引用するようにした。サリヴァンの手紙・報告書については，サリヴァンがどのようにヘレン・ケラーと向き合っていたかを，英語を通して読んでいただいたほうが理解が深まると考えた。さらに，サリヴァンについては，ヘレン・ケラーの英語への影響という問題もある。ヘレン・ケラーの英語の形成については，模倣も重要な役割を果たしていたようなので，サリヴァンの英語とヘレン・ケラーの英語の類似点などにも注目していただければと思う。そして，身近にいてヘレン・ケラーを支えたメイシーの解説についても，適宜英語の引用を用いることにする。*Story* が書かれた頃にハーバードで教えていたメイシーの英語は，当時の知識人の英語としても参考になるであろう。

〈B〉日本語の要約による引用

　上記〈A〉で言及した Norton 版以外の引用については，いくつかを除いて基本的には日本語の要約による引用を使うことにする。

　英語の引用については，場合によっては文の途中から始めることもあるが，そのような時は，[T]he book … のように，[　] を

使って修正したことを示す。また，長くなるために文の途中で引用を終えることもあるが，そのような場合は [.] で示すことにする。英語につける日本語訳については，できるだけ元の英文に沿った形でつけるようにした。また，日本語訳の中で説明として追加する場合は，［　］を使って「彼女［母］は …」のように記載する。英語の文における省略については「…」を使って示す。最後に，英語の名詞表現の引用については，小文字で始め，ピリオドをつけずに提示する。英語を引用する際は，原文でイタリック体などが使われている場合でも，普通の活字を使うようにした。

　なお，言語学においては，人間が母語を使いこなせるようになる過程を表す用語として「言語習得」と「言語獲得」があるが，本書では，統一して「言語習得」を用いることにする。

第 2 章

ヘレン・ケラー
―20 歳頃までの軌跡 ―

本書は，ヘレン・ケラーの言語習得を，彼女の生き方と関連さ
せながら探るものである。第2章では，誕生から大学生になる
20歳頃までのヘレン・ケラーの軌跡について見てゆくことにす
る。

2.1.　誕生・病気・その後の生活

　ヘレン・ケラーは1880年6月27日に，アラバマ州北西部の
小さな田舎町タスカンビア（Tuscumbia）で普通の子どもとして
生まれた。しかし，生後19か月の時に，当時の医者が脳炎
（brain fever）と呼んでいた病気にかかり，命はとりとめたもの
の，高熱が引いた後は目と耳と口が不自由な三重苦を背負うこと
になった（Herrmann: 5-11）。

　話せないことについては，ヘレン・ケラーは，"Before I lost
my sight and hearing, I was fast learning to talk, but after my
illness it was found that I had ceased to speak because I could
not hear." (*Story*: 52)（私は視力と聴力を失う前は話すのを覚えるのは
はやかったのですが，病気をした後は，聞くことができないために話す
ことをやめてしまったのでした）と書いている。

　病気のあとのヘレン・ケラーは，自分の思っていることを言葉
で表すことができない欲求不満のためもあり，家族など周りの人

に対して乱暴に振る舞うようになっていた。それは成長するにつれて激しさを増してゆき，それを見ていた両親は大変心配していた（Herrmann: 11-13）。ヘレン・ケラーの激しい行動の様子については，映画 *The Miracle Worker*（『奇跡の人』：William Gibson 原作で 1962 年に上映）（Herrmann: 321）でご覧になった方もいらっしゃるかもしれない。次の節では，このような状況の中で，どのような経緯でサリヴァンがヘレンの教師として赴任することになったかを，Herrmann（第2章）を中心に見ることにする。

2.2.　サリヴァン赴任までの経緯

ヘレンは，アラバマやテネシーで多くの眼科医に診てもらったが，よい結果を得ることはできなかった。そこで，両親は，絶望的な患者も治療したということで評判のボルティモアの眼科医（チザム医師（Dr. Chisholm）（*Story*: 24））のところへ彼女を連れて行くことにする。（この時の列車の中のヘレンの様子は，2.12節の引用の中でも触れる。）その時の医師の所見は，ヘレンに対して医学的にできることは何もなく，彼女は再び見たり聞いたりすることはできないだろうというものであった。ただ，ローラ・ブリッジマン（Laura Dewey Bridgman）のように，教育を受けることはできるかもしれないと伝えている（Herrmann: 23）。

ここで言及されているローラ・ブリッジマンは，1829 年にニューハンプシャー州に生まれ，2 歳の時にかかった病気のため

に視力と聴力を失い，ヘレン・ケラーと同じような状況になった女性で，その生涯をパーキンス盲学校で送った。ヘレンがまもなく9歳になる1889年に59歳で亡くなっている。彼女は，盲学校の初代校長であったハウ（Samuel Gridley Howe）のもとで教育を受けたが，言葉の習得の面では，ハウが期待したような成果はみられなかった (Herrmann: 19)。

チザム医師は，近くのワシントンに耳の不自由な子どもの問題に詳しい専門家がいるので訪れるように助言する。その人こそ，私たちも名前を聞いたことがあるベル（Alexander Graham Bell）であった。ベルは，我々には電話を発明した人として知られているが，耳の不自由な人に対する話し言葉の教育促進を目指した優れた教師でもあった。彼の母は耳が不自由で，妻も5歳の時に猩紅熱（scarlet fever）のために聴力を失っている。1876年の電話の発明は，ひとつには補聴器（hearing aid）として使うことを念頭に思いついたものであった (Herrmann: 24)。*Story* の初めには，この本をベルにささげる旨の記述がある。

ベルはヘレンの両親に，パーキンス盲学校の校長アナグノスに相談するよう勧める。アナグノスは義理の父であったハウの死後，彼の後を継いで校長になった人である (Herrmann: 26)。

ベルの勧めもあって，父親のケラー（Arthur Henley Keller）はアナグノスに手紙を書き，ヘレンのためにタスカンビアに教師を送ってくれるよう依頼する。手紙を受け取ったアナグノスは，自分の卒業生のリストをみて，すぐひとりの女性の名前を思いつ

く。その女性はトラホーム（trachoma）を患い半分盲目の状態で
あったが，彼の最優秀の学生で，老齢になったローラとも一緒の
時を過ごし，ローラを教育したハウの方法にも十分精通していた
(Herrmann: 26)。

　その女性こそがサリヴァンであった。なお，上で言及されてい
るローラ・ブリッジマンへの教育との関連で，ヘレン・ケラーは
Story の中で次のように書いている。

> My parents were deeply grieved and perplexed. We lived
> a long way from any school for the blind or the deaf, and
> it seemed unlikely that any one would come to such an
> out-of-the-way place as Tuscambia to teach a child who
> was both deaf and blind. Indeed, my friends and relatives
> sometimes doubted whether I could be taught. My moth-
> er's only ray of hope came from Dickens's "American
> Notes." She had read his account of Laura Bridgman,
> and remembered vaguely that she was deaf and blind, yet
> had been educated. But she also remembered with a
> hopeless pang that Dr. Howe, who had discovered the
> way to teach the deaf and blind, had been dead many
> years. His methods had probably died with him; and if
> they had not, how was a little girl in a far-off town in Al-
> abama to receive the benefit of them? 　　　　(*Story*: 23)

（私の両親はひどく悲しみ悩んでいました。私たちは盲・聾学校からは遠く離れたところに住んでいました。そして耳と目の不自由な子どもを教育するためにタスカンビアのような辺鄙なところへ来てくれるような人がいるようには思えませんでした。実際，友達や親類の人たちは，時にはそもそも私を教育することができるのかどうか疑問に思うこともありました。母の唯一のかすかな望みは，ディケンズの「アメリカ覚書」からのものでした。母はローラ・ブリッジマンについてのディケンズの説明を読み，彼女が耳と目が不自由でありながらも教育を受けていたことを漠然と覚えていたのです。しかし，その一方で彼女は，耳と目の不自由な人たちに対する教育方法を発見したハウ博士が亡くなってからすでに何年も経っていることを，絶望的な悲しみとともに思い出してもいたのです。ハウ博士の方法は，おそらく彼の死とともになくなってしまったのではないか，たとえ残っていたとしても，アラバマの遠く離れた町にいる子どもがその恩恵を受けることはできるだろうか）（any one は原文のまま）

　この引用に出てくるディケンズは，『クリスマスキャロル』（*A Christmas Carol*）などで有名なイギリスの作家チャールズ・ディケンズ（Charles Dickens）である。1842 年に初めてアメリカを訪れた彼は実際にローラ・ブリッジマン（当時 13 歳）に会い，その時の様子を「アメリカ覚書」の中に書いている。それをディケンズの愛読者でもあった母親（Kate Adams Keller）が読んで

いたということである。ハーマンによると，ローラ・ブリッジマンは子どもの頃から，神学の他，教育学，言語学，医学，それに心理学などで研究の対象になっていたようである (Herrmann: 22-23)。

2.3.　サリヴァンとの出会い：教育の始まり

　ヘレン・ケラーはサリヴァンとの出会いについて，*Story* の第4章の冒頭で "The most important day I remember in all my life is the one on which my teacher, Anne Mansfield Sullivan, came to me." (*Story*: 25) （生涯において私が覚えている最も重要な日は，私の先生アン・マンスフィールド・サリヴァンが私のところに来られた日です）と書いている。サリヴァンはその後50年ほどヘレン・ケラーに寄り添って，彼女の生活を支えることになる。

　一般に「サリヴァン先生」という呼び方が定着しているため，いわゆる「先生」を連想される方もいらっしゃると思うが，タスカンビアに赴任した時のサリヴァンはわずか21歳で，それまでに特に教師としての教育を受けていたわけではなかった。ヘレン・ケラーは *Midstream* の中でサリヴァンについて，並々ならぬ精神と勇敢な心以外にはほとんど素養もなく，不完全な視力というハンデを負いながら，ローラ・ブリッジマンに対するハウ博士の報告だけを頼りに，事前の教育経験もないまま，教育の最も困難な問題に取り組んだのでしたと書いている (*Midstream*: 344)。

　このような状況のもと，サリヴァンがヘレン・ケラーに対して行った教育の成果は奇跡であったと言えるであろう。サリヴァンはヘレン・ケラーの手のひらに単語を綴る指文字を使って言葉を教え始めた。以下は，初めて指文字を使った，タスカンビア赴任の翌朝の様子である。（どのように指文字を使っていたかについては，2.4節にヘレン・ケラー自身による説明がある。たとえば手のひらに doll と英語の文字を書いたわけではなく，一般に耳の不自由な人の間で用いられていた片手用指文字が使われていた。）

The morning after my teacher came she led me into her room and gave me a doll. The little blind children at the Perkins Institution had sent it and Laura Bridgman had dressed it; but I did not know this until afterward. When I had played with it a little while, Miss Sullivan slowly spelled into my hand the word "d-o-l-l." I was at once interested in this finger play and tried to imitate it ... . I did not know that I was spelling a word or even that words existed; I was simply making my fingers go in monkey-like imitation. In the days that followed I learned to spell in this uncomprehending way a great many words, among them *pin*, *hat*, *cup* and a few verbs like *sit*, *stand* and *walk*. But my teacher had been with

me several weeks before I understood that everything has
a name.　　　　　　　　　　　　　　　　　　　　(*Story*: 26)

（先生は来られた翌朝，私を自分の部屋に連れてゆき，人形をくだ
さいました。それはパーキンス盲学校の目の不自由な小さな子ど
もたちが送ってくれたもので，ローラ・ブリッジマンが服を着せ
ていたのですが，私がこのことを知ったのは後になってからでし
た。少しの間それで遊んでいると，サリヴァン先生はゆっくりと
私の手に"d-o-l-l"と綴りました。私はすぐこの指の遊びが面白く
なり，真似をしようとしました。… 私は自分が言葉を綴っている
ことや言葉が存在することさえ知りませんでした。私は単に猿真
似のように指を動かしたのです。それから数日の間に，このわけ
のわからない方法でたくさんの言葉を綴ることを学びました。そ
れらの中には「ピン」，「帽子」，「カップ」それに「座る」，「立つ」，
「歩く」のようないくつかの動詞が含まれていました。しかし，私
がすべてのものには名前があることを理解したのは，先生が私と
一緒にいるようになって数週間たってからのことでした）

　いよいよサリヴァンの教育が始まったが，ヘレンにとってすべ
てのものには名前があることを知るまでの道のりは容易なもので
はなかった。次のように，共通性に基づいて対象をまとめること
（このような心の働きは，一般にカテゴリー化（categorization）
と呼ばれる）を理解するのも高いハードルであった。

One day, while I was playing with my new doll, Miss

22

Sullivan put my big rag doll into my lap also, spelled "d-o-l-l" and tried to make me understand that "d-o-l-l" applied to both. Earlier in the day we had a tussle over the words "m-u-g" and "w-a-t-e-r." Miss Sullivan had tried to impress it upon me that "m-u-g" is *mug* and "w-a-t-e-r" is *water*, but I persisted in confounding the two. In despair she had dropped the subject for the time, only to renew it at the first opportunity. I became impatient at her repeated attempts and, seizing the new doll, I dashed it upon the floor.   (*Story*: 26)

(ある日新しいお人形で遊んでいると，サリヴァン先生は私の［前から持っていた］大きな布の人形も私のひざの上に置いて "d-o-l-l" と綴り，私に "d-o-l-l" が二つの人形のどちらにも当てはまることを理解させようとしました。その日はその前に，"m-u-g" と "w-a-t-e-r" という言葉を巡って激しい争いがありました。サリヴァン先生は，"m-u-g" は「マグ」，"w-a-t-e-r" は「水」と私に言い聞かせようとしましたが，私はどうしても二つを混同してしまうのでした。先生はあきらめて，その問題はしばらくやめにしたのですが，機会があり次第さっそく蒸し返すのでした。私は，先生が繰り返し試みようとすることに我慢できなくなり，新しい人形をつかんで，床にたたきつけたのでした)

普通の子どもであれば，視覚等を通して得られる情報によっ

て，二つのどちらも同じ「人形」という名前がつくことを容易に理解できるのであろうが，目と耳の不自由なヘレンにとっては，名前が共通の性質を持つものに対して使われるということを理解することは難しかったと思われる。また，水の入っている状態で，水とマグカップを区別することも，彼女にとっては難しかったであろうことは容易に想像がつく。このようなイライラもあり，新しい人形を壊してしまったのである。

　しかし，いよいよ「その時」がやってくる。壊れた人形を片づけた後，サリヴァンはヘレンを暖かい日の光の中に連れ出し，二人で井戸小屋に向かった。以下は，ヘレン・ケラーがその奇跡ともいえる言語習得への第一歩を踏み出した，有名な井戸小屋での出来事を記したものである。

　　We walked down the path to the well-house, attracted by the fragrance of the honeysuckle with which it was covered.　Some one was drawing water and my teacher placed my hand under the spout.　As the cool stream gushed over one hand she spelled into the other the word *water*, first slowly, then rapidly.　I stood still, my whole attention fixed upon the motions of her fingers. Suddenly I felt a misty consciousness as of something forgotten—a thrill of returning thought; and somehow the mystery of language was revealed to me.　I knew then that "w-a-t-e-r" meant the wonderful cool something that was flowing over my hand. That living word awakened my soul, gave it light, hope, joy, set it free! There were barriers still, it is true, but barriers that could in time be swept away.

(*Story*: 27–28)

（私たち［先生と私］はスイカヅラの香りに誘われて，それで覆われている井戸小屋まで小道を下って歩いて行きました。誰かが水を汲んでいて，先生は私の手を井戸の噴出口の下に置きました。冷たい水の流れが私の一方の手の上にあふれ出た時，先生はもう一方の手に，はじめはゆっくり，次にすばやく "water" と綴りました。私はじっと立ったままで，私の注意のすべては先生の指の動きに集中していました。突然私は，忘れていた何かのようなぼんやりとした意識を感じ，よみがえってくる思考のぞくぞくする感覚を覚えました。そして，なんとなく言葉の神秘が明らかになってきたのです。私はその時，"w-a-t-e-r" という綴りが，私の手のひらの上に流れる素晴らしい冷たいものを意味することがわかりました。その生きている言葉が私の魂を目覚めさせ，それに光と希望と喜びを与え，私の魂を解放したのです！ 確かにまだ障壁はありましたが，それはやがて取り除くことができるような障壁でした）（Some one は原文のまま）

このようにして，ヘレン・ケラーはすべてのものには名前があることを指文字を通して理解し，次のステップに進むことになるの

である。

2.4.　ヘレン・ケラーにおける英語の 4 技能

　ヘレン・ケラーは英語について，いわゆる 4 技能（「読む」,「書く」,「聞く」,「話す」）を習得しているが，健常者と同じ方法を使っていたわけではない。前節では指文字による伝達を見たが，本節ではヘレン・ケラーがどのような方法で 4 技能を使っていたかを見ておくことにする。

●「読む」

　本を読む時には，点字（braille），浮き出し文字 / 印刷（raised letter / embossed printing），指文字（manual alphabet / finger alphabet）が使われていた。浮き出し文字については，硬貨に打ち出されている文字や数字をイメージしていただければよいかもしれない。しかし，点字や浮き出し文字で印刷された本が手に入ることはむしろ少なく，そのような場合は，サリヴァンが指文字で伝えたり，周りにいる人が浮き出し文字に直したりしていた。

●「書く」

　手書き，タイプライター，点字が使われていた。手書きの写しが 33 頁にあるのでご覧いただければと思う。タイプライターは 11 歳の時に使い始めている。手書きに関する苦労については

2.5節の引用の中で触れる。点字については，"[A]s I thought out sentence after sentence, I wrote them on my braille slate." (*Story*: 56)（私は，次から次へ文を考え出すと，それらを点字器で書きました）などの記述がみられる。

● 「聞く」

指文字と話している人の唇に手をあてて聞く読唇（lipreading）が使われていた。

● 「話す」

指文字と実際に話すことによる方法が使われていた。ヘレン・ケラーは，サリヴァンに出会ってから3年後の9歳の時に，ボストンのホレース・マン盲学校（Horace Mann School for the Deaf）の校長フラー（Sarah Fuller）のもとで話し方の訓練を始め（Herrmann: 76），猛練習の結果，英語を音声的に話すことができるようになっている。

以上，4技能の方法について見てきたが，指文字についてはヘレン・ケラー自身が *Story* の中で次のように説明しているので引用しておくことにする。

> Just here, perhaps, I had better explain our use of the manual alphabet, which seems to puzzle people who do

not know us. One who reads or talks to me spells with his hand, using the single-hand manual alphabet generally employed by the deaf. I place my hand on the hand of the speaker so lightly as not to impede its movements. The position of the hand is as easy to feel as it is to see. I do not feel each letter any more than you see each letter separately when you read. Constant practice makes the fingers very flexible, and some of my friends spell rapidly —about as fast as an expert writes on a typewriter. The mere spelling is, of course, no more a conscious act than it is in writing.　　　　　　　　　　　　　(*Story*: 55)

（ちょうどここで，私たちのことを知らない方にはおわかりにならないかもしれませんから，指文字の使い方について説明しておくのがよいでしょう。私に読んでくれたり話しかけたりする人は，一般に耳の不自由な人が用いる片手用の指文字を使って綴ります。私は，話す人の手の動きを邪魔しないようにその人の手に私の手を軽く置きます。手の位置は見るのと同じように簡単に感じることができます。皆さんが読む時に一つ一つの文字を別々に見ないのと同じように，個々の文字を感じることはしません。絶えず練習していると，指はとても柔軟になってゆき，私の友達の中には，タイプライターで熟練した人が書くのと同じくらいのはやさですばやく綴る人もいます。綴ること自体は，もちろん，書くのと同じように意識的な行為ではありません）

　以上，ヘレン・ケラーの誕生からサリヴァンによる教育の開始と彼女の4技能までを見てきた。次の節では，教育が始まった頃のヘレン・ケラーの英語について見ることにする。

2.5.　教育が始まった頃のヘレン・ケラーの英語

　本節では，ヘレン・ケラーが友人や家族それに先生などに宛てた手紙の英語を通して，サリヴァンの教育が始まった頃，ヘレン・ケラーがどのような英語を書いていたかを見ることにする。*Letters* は，ヘレン・ケラーが書いた手紙をメイシーが取捨選択したもので，手紙自体に変更は加えていないとのことである（Macy: 284）。*Letters* には，1887年から1901年までの手紙が掲載されているが，以下では初期の頃のいくつかの例を取りあげてゆく。

　サリヴァンの教育が始まったのは1887年3月3日（Macy: 285）であるが，次は，それから3か月後に，いとこのアンナに宛てた手紙で，鉛筆で書かれている。この手紙には，挨拶の言葉と署名はついていない。大文字と小文字や単数と複数の区別はなく，ピリオドやコンマ，冠詞もない。なお，以下では自分のことをヘレンと書いているが，この手紙から4か月後のサリヴァンの手紙には，ヘレンが自分から代名詞を使うようになったことが記されている（Sullivan: 170）。手紙にはピリオドはないが，日本語訳には句点をつけてある。

[Tuscumbia, Alabama, June 17, 1887]

helen write anna george will give helen apple simpson will shoot bird jack will give helen stick of candy doctor will give mildred medicine mother will make mildred new dress   (*Letters*: 285: まもなく7歳)

(ヘレンはアンナに手紙を書きます。ジョージはヘレンにリンゴをくれるでしょう。シンプソンは鳥を撃つでしょう。ジャックはヘレンにキャンディーをくれるでしょう。お医者様はミルドレッドに薬を与えるでしょう。お母さんはミルドレッドに新しい洋服を作ってあげるでしょう)

次は同じ年(7歳)の手紙で,この手紙についてメイシーは,"[H]er style is more nearly correct and freer in movement. She improves in idiom, although she still omits articles and uses the "did" construction for the simple past. This is an idiom common among children."(Macy: 286)(彼女の文章はほとんど正確で,展開もより自由になってきている。慣用的な表現は上達しているが,まだ冠詞を省き,単純過去に"did"構文を使っている。これは子どもの間でよく見られる慣用語法である)と書いている。なお,サリヴァンの手紙にあるように,この手紙では,ヘレン・ケラーは自分のことを表すのに代名詞のIやmeを使っている。また,ピリオドや大文字を使う場合も見え始めている。

[Tuscumbia, October 24, 1887]

dear little blind girls

I will write you a letter I thank you for pretty desk I did write to mother in memphis on it mother and mildred came home wednesday mother brought me a pretty new dress and hat papa did go to huntsville he brought me apples and candy I and teacher will come to boston and see you nancy is my doll she does cry I do rock nancy to sleep mildred is sick doctor will give her medicine to make her well. I and teacher did go to church sunday mr. lane did read in book and talk Lady did play organ. I did give man money in basket. I will be good girl and teacher will curl my hair lovely. I will hug and kiss little blind girls mr. anagnos will come to see me.　　good-by

HELEN KELLER　(*Letters*: 287: 7 歳)

（目の不自由な少女たちへ　皆さんに手紙を書きます。きれいな机をありがとう。その机でメンフィスにいるお母さんに手紙を書きました。お母さんとミルドレッドは水曜日に家に帰ってきました。お母さんはきれいな新しい服と帽子を私に持ってきてくれました。お父さんはハンツヴィルに行きました。お父さんは私にリンゴとキャンディーを持ってきてくれました。私と先生はボストンに行って，皆さんに会うでしょう。ナンシーは私の人形です。彼女は泣いてばかりいます。私はナンシーを揺り動かして寝かしつけます。

ミルドレッドは病気です。妹を元気にするためにお医者様が薬を
くれるでしょう。私と先生は日曜日に教会に行きました。レイン
牧師が本を読んでお話をしました。女性がオルガンを弾きました。
私はお金をかごに入れて男の人にあげました。私はよい子になる
でしょう。そして，先生が私の髪の毛をきれいにカールしてくれ
るでしょう。私は目の不自由な少女たちを抱きしめてキスをする
でしょう。アナグノス先生が私に会いに来てくれるでしょう。さ
ようなら　ヘレン・ケラー）（ピリオドがついている所が何箇所か
ある。）

　最後は，まもなく11歳になる時の手紙であるが，しっかりし
た英語になっていることがわかる。なお，この手紙に関しては，
Norton版の中にヘレン・ケラーの手書き（鉛筆書き）の手紙の
写しがついているので，写しの一部（3行目のbecomeまで）を
33頁に提示することにする（1行目のSo. はSouthを表す）。

[So. Boston, May 1, 1891]

My Dear Mr. Brooks:

　Helen sends you a loving greeting this bright May-day.
My teacher has just told me that you have been made a
bishop, and that your friends everywhere are rejoicing be-
cause one whom they love has been greatly honored.　I
do not understand very well what a bishop's work is, but
I am sure it must be good and helpful, and I am glad that

my dear friend is brave, and wise, and loving enough to do it. It is very beautiful to think that you can tell so many people of the heavenly Father's tender love for all His children even when they are not gentle and noble as He wishes them to be. I hope the glad news which you will tell them will make their hearts beat fast with joy and love. I hope too, that Bishop Brooks' whole life will be as rich in happiness as the month of May is full of blossoms and singing birds.

From your loving little friend,   HELEN KELLER

(*Letters*: 325: まもなく 11 歳)

（ブルックス様　この明るい五月祭の日に愛情のこもった挨拶をお送りします。サリヴァン先生から，あなた様が司教に任命されましたことと，いたるところのあなた様のお友達が，皆さんの愛する方が大変な栄誉を与えられたのでとても喜んでおられると伺いました。司教のお仕事がどういうものか私にはよくわかりませんが，立派で役に立つものに違いないと確信しています。そして，私の親愛なるお友達がそれをするのに十分勇敢で，賢明でそして慈愛に満ちていることをうれしく思っています。多くの人が神が願うほど思いやりがあって高潔でない時でも，神の子どもであるすべての人に対する天の父の優しい愛について，あなた様が多くの人にお話しすることができることを考えるのはとても素晴らしいことです。あなた様が人々にお話しになるうれしい知らせが，

人々の心を喜びと愛でどきどきさせるようになることを願っています。また，ブルックス司教様の生涯が，5月が花々とさえずる鳥たちでいっぱいのように，幸せに富んだものになるよう願っています。あなた様を愛する小さな友より　ヘレン・ケラー）

> So. Boston,
>   May 1, 1891.
> My dear Mr. Brooks;
>   Helen
> sends you a loving greet
> ing this bright May-day.
> My teacher has just told
> me that you have been
> made a bishop, and that
> your friends everywhere
> are rejoicing because

　以上, *Letters* における英語を通して, サリヴァンの教育が始まった頃のヘレン・ケラーの英語について見てきた。彼女の英語については, メイシーが *Letters* への前書きの中で, "After May, 1889, I find almost no inaccuracies, except some evident slips of the pencil. She uses words precisely and makes easy, fluent sentences."(Macy: 302)(1889 年 5 月以降は, 鉛筆の明らかな書きそこないを除けば, ほとんど誤りはない。彼女は語を正確に使い, わかりやすく滑らかな文を作っている)と書いている。このことから, 9 歳で彼女の英語がほぼ完成したことがわかる。目と耳が不自由で, しかもほとんど無の状態から指文字で言葉を覚え始めたヘレン・ケラーが, サリヴァンによる教育が始まってからわずか 2 年ほどできちんとした手紙を書けるようになったことは, やはり奇跡と言うほかないであろう。

　なお, 上で手書き(鉛筆書き)の写しを見たが, 手書きに関しては次のような記述がある。彼女にとって手書きが大変であったことが伝わってくる。

> Please pardon me, my dear Mrs Hutton, for sending you a typewritten letter across the ocean I have tried several times to write with a pencil on my little writing machine since I came home; but I have found it very difficult to do so on account of the heat The moisture of my hand soils and blurs the paper so dreadfully, that I am com-

pelled to use my typewriter altogether　(*Letters*: 346: 15 歳)
(ハットン様，海を超えて，タイプした手紙をお送りすることをお
許しください。帰宅後に何度も習字板を使って鉛筆で書こうとし
ましたが，暑さのためにとても難しいことがわかりました。手の
湿りにより，紙がひどく汚れてにじむので，仕方なく全部タイプ
ライターを使うことにしました)(この手紙の英語にはピリオドは
ついてない。)

引用にある writing machine は，サリヴァンの報告書の中で
"Day after day she moved her pencil in the same tracks along
the grooved paper, never for a moment expressing the least im-
patience or sense of fatigue." (Sullivan: 174)(毎日毎日，彼女は溝
のある紙に沿って，同じ線の跡を鉛筆でなぞり，ちょっとの間もいらだ
ちとか，疲れた感じは少しも見せませんでした)と書かれている
grooved paper，また，ヘレン・ケラーの手紙の中で "We have a
grooved board which we put between the pages when we wish
to write."(*Letters*: 330: まもなく 12 歳)(溝のある板があり，手紙を
書きたいと思う時にはそれを頁の間に入れます)と書かれている
grooved board のことかと思われる。いずれにしても，紙や板に
溝をつけたもので，鉛筆で書く際に，文字がそろうように使って
いたのであろう。

上で引用した手紙にはタイプライターについても言及されてい
るが，タイプライターの使用についてはメイシーが，"Although

she has used the typewriter since she was eleven years old, she is rather careful than rapid. She writes with fair speed and absolute sureness. Her manuscripts seldom contain typographical errors when she hands them to Miss Sullivan to read. Her typewriter has no special attachments." (Macy: 223)（彼女は 11 歳からタイプライターを使っているが，すばやいというよりはむしろ慎重である。まずまずのスピードと完璧な確実さをもって書いている。原稿ができるとサリヴァン女史に渡して読んでもらうが，めったに誤植はない。タイプライターには特別な器具はついていない）と説明している。

　以上，ヘレン・ケラーの誕生からサリヴァンによる教育の開始と 4 技能，それに教育が始まった頃のヘレン・ケラーの英語について見てきた。以下では，その後の教育の過程の中で起こったことや観察されたことをいくつかのテーマに分けて見てゆくことにする。

2.6.　模倣

　サリヴァンが書いたものの中には「模倣 (imitation)」という語が出てくる。サリヴァンは，普通の子どもはどのようにして言語を習得するかを自問し，それは模倣によると考えた (Sullivan: 151)。実際，ヘレン・ケラーが使う単語や文は，サリヴァンらと彼女との間の会話の中で使われていたものの再生 (reproduction) であったと述べている (Sullivan: 210)。ヘレン・ケラーは，記憶

力，想像力に優れていて，毎日の会話の中で繰り返し使われた表現が無意識のうちに蓄えられ，それを記憶して必要な時に使っていたということになるが，サリヴァンは，このことは普通の子どもにも当てはまると考えていた。

　ただし，ヘレン・ケラーの場合，模倣は模倣だけで終わるわけではなかった。サリヴァンは1887年8月21日の手紙の中で，ヘレンの言語使用の重要な変化に触れている。それは，サリヴァンが，ヘレンと一緒にドライブをしたきれいな山について話した際，彼女はサリヴァンから聞いたことすべてを覚えていて，それを母親に繰り返したが，最後に，実際に聞いたこととは違う表現を使ったのである。サリヴァンは "The clouds touch the mountain softly, like beautiful flowers."（雲はきれいな花のように，優しく山に触れている）と言ったが，ヘレンは母親に，"very high mountain and beautiful cloud-caps"（とても高い山ときれいな雲の帽子）を見てみたいですかと聞いているというものである（Sullivan: 165）。

　なお，このことに関連して，7歳のヘレンについて，サリヴァン自身が不思議に思っていることがわかる以下の記述は大変興味深い。

　　[I] had to use words and images with which she was familiar through the sense of touch.　But it hardly seems possible that any mere words should convey to one who

has never seen a mountain the faintest idea of its gran-
deur; and I don't see how any one is ever to know what
impression she did receive, or the cause of her pleasure in
what was told her about it. All that we do know certainly
is that she has a good memory and imagination and the
faculty of association. (Sullivan: 166)

（私は，触覚を通して彼女が知っている言葉やイメージを使わなけ
ればならなかったのです。しかし，山を見たこともない人に言葉
だけで，その雄大さについてわずかの感じでも伝えることは不可
能のように思います。彼女がどのような印象を受け，また，山に
ついて彼女に語られたことをなぜ喜んだのかは誰にもわからない
と思います。私たちに確実にわかることは，彼女が優れた記憶力
と想像力，それに連想能力を持っているということです）（any
one は原文のまま）

2.7. 普通の子どもと同じように

　サリヴァンはヘレン・ケラーを，目が見え耳が聞こえる普通の
子どもと同じように扱い，完全かつ文法的な文でメッセージをヘ
レンの手のひらに綴っていた（Shattuck: 436）。サリヴァンには，
ヘレンが自分の知らない単語が出てくると，文脈に基づきながら
その単語の意味を推測し，文全体の意味を理解していることがわ
かっていた（Sullivan: 158）。このことは，本の選択についても同

様で，サリヴァンは "In selecting books for Helen to read, I have never chosen them with reference to her deafness and blindness. She always reads such books as seeing and hearing children of her age read and enjoy." (Sullivan: 201)（ヘレンが読む本を選ぶ際，私は彼女が耳と目が不自由であるということを考慮して選んだということはありませんでした。彼女はいつも同年代の目が見え耳が聞こえる子どもたちが読んで楽しむような本を読んでいます）と書いている。普通の子どもと同じように扱われるということは，ヘレン・ケラーにとっては重要なことのようで，*Story* の中で，"I also dislike people who try to talk down to my understanding." (*Story*: 110)（私はまた，私が理解できるようにわかりやすく話そうとする人も嫌いです）と述べている。以上のことからも，ヘレン・ケラーの言語習得が，普通の会話と普通の読書を積み重ねた結果であることがわかる。

2.8.　読書

　指文字による単語の意味の習得に始まり，サリヴァンから英語を学んだヘレン・ケラーは，その後美しい英語を書くことができるようになったが，その背景には読書が重要な働きをしている。*Story* や *Midstream* を読むと，彼女がいわゆる世界の古典をむさぼるように読んでいたことがわかる。もちろん，読むといっても，目が見える普通の人のように読めるわけではなく，大変な努

力を必要としたことは想像に難くない。その様子は，"[I] read them over and over, until the words were so worn and pressed I could scarecely make them out."（*Story*: 88）（私はそれら［本］を何度も読み返したので，ついには単語がすり切れ，押しつぶされて，ほとんど判読できなくなってしまいました）のような文からもうかがい知ることができる。

　ヘレン・ケラーにとって読書が重要だったことについては，二つの興味深い記述がある。一つ目は，第 2 章で言及したベルの意見である。シャタックの「あとがき」によると，ベルは *Silent Educator*（『無言の教育者』）（June 1892）に掲載した論文の中で，ヘレンが英語らしい英語を使えるようになったのは，日常の指文字による会話だけでなく，特に早い段階から読書に興味を持っていたことによると述べている（Shattuck: 438-9）。

　二つ目は，メイシーの "The style of the Bible is everywhere in Miss Keller's work, just as it is in the style of most great English writers. Stevenson, whom Miss Sullivan likes and used to read to her pupil, is another marked influence.（Macy: 278）（聖書の文体は，ほとんどの偉大なイギリスの作家の文体にみられるように，ケラー女史の作品の至る所に見られる。スティヴンソンは，サリヴァン女史が好きな作家で，よく生徒［ヘレン］に読んであげていたが，その文体はヘレンに顕著な影響を与えたもう一つのものである）という記述である。

　Story（第 20 章）や *Midstream*（第 19 章）には，イギリスや

アメリカだけでなく，ドイツ，フランス，ギリシャなどの世界の
文豪の名前がたくさん出てくる。ヘレン・ケラーがそれらの作家
の作品をハンデをいとわず点字などで読んでいたことを思うと，
彼女がいかに本好きで，知的好奇心に満ちていたかがわかる。こ
の点は，"[L]iterature is my Utopia."（*Story*: 97）（文学は私の理想
郷です）という記述にも表れている。なお，読書に関しては 2.2
節で，ヘレンの母親がディケンズの愛読者であったことに触れた
が，*Midstream* には，母親が乱読家（omnivorous reader）で，
バルザック（Balzac）の本のいくつかはほとんど暗記していたこ
とが記されている（*Midstream*: 220-1）。ヘレンがむさぼるように
本を読んでいたことが母親ゆずりのものであったことがうかがえ
る。ヘレン・ケラーの英語の形成を振り返ってみると，改めて読
書の重要性に気づかされる。

2.9.　The Frost King

　サリヴァンと出会ってから 4 年後の 11 歳の時（1891 年 11
月），ヘレン・ケラーは，パーキンス盲学校のアナグノス校長へ
の誕生日プレゼントとして，"The Frost King"（「霜の王様」）とい
う物語を書いて送っている。校長はいたく感動し，それをパーキ
ンス盲学校の同窓会誌に掲載した。しかし，その後，その物語が
1873 年にキャンビー（Margaret T. Canby）という作家が書いた
"The Frost Fairies"（「霜の妖精」）の改作（いわゆる剽窃）ではな

いかというスキャンダルが持ち上がることになる。ヘレン・ケラーとしては自分の力で書いたと思っていたが，実際のところは，8歳の頃にキャンビーの物語を指文字で聞いた彼女が，その物語のことを記憶していて，3年後にプレゼントとして書いたということのようである（Herrmann: 79-85）。

いわゆる「霜の王様」事件に関して，サリヴァンの説明がNorton版（250-268）に掲載されており，「霜の妖精」と「霜の王様」を対照させて読むことができる。その対照についてサリヴァンは，"The Frost Fairies" and "The Frost King" are given in full, as the differences are as important as the resemblances[.]" (Sullivan: 262)（類似と同様に差異も重要なため，「霜の妖精」と「霜の王様」が完全な形で挙げられている）と書いている。すべての対照をここで掲載するとかなりスペースをとるため，はじめの数パラグラフを取りあげ，日本語訳をつけることにする。なお，引用の分量は，「霜の妖精」が全体の1/6程度，「霜の王様」が全体の1/4程度である。「霜の妖精」のほうが物語全体が若干長く書かれている。

The Frost Fairies [from 'Birdie and his Fairy Friends'] by Margaret T. Canby（マーガレット・キャンビー作「霜の妖精」（「小鳥さんとその妖精の友達」から）

　King Frost, or Jack Frost as he is sometimes called, lives in a cold country far to the North; but every year he takes a journey over the world in a car of golden clouds drawn by a strong and rapid steed called "North Wind." Wherever he goes he does many wonderful things; he builds bridges over every stream, clear as glass in appearance but often strong as iron; he puts the flowers and plants to sleep by one touch of his hand, and they all bow down and sink into warm earth, until spring returns; then, lest we should grieve for the flowers, he places at our windows lovely wreaths and sprays of his white northern flowers, or delicate little forests of fairy pine-trees, pure white and very beautiful. But his most wonderful work is the painting of the trees, which look, after his task is done, as if they were covered with the brightest layers of gold and rubies; and are beautiful enough to comfort us for the flight of summer.

I will tell you how King Frost first thought of this kind work, for it is a strange story. You must know that this King, like all other kings, has great treasures of gold and precious stones in his palace; but, being a good-hearted old fellow, he does not keep his riches locked up all the time, but tries to do good and make others happy with them.

(Norton 版：262)

（時にはジャック・フロストと呼ばれる霜の王様は，遠く北のほうの寒い国に住んでいます。しかし，毎年，「北風」と呼ばれる強くて速い馬が引く黄金の雲でできた馬車に乗って世界中を旅します。どこへ行っても，王様はたくさんの素晴らしいことをします。すべての川に，見たところガラスのように透明でもたいてい鉄のように強い橋を架けます。王様は一回手で触れて花や草木を眠らせます。花や草木は皆ぬかずいて，春が戻るまで暖かい土の中に沈んでゆきます。王様は，私たちが花のないことで悲しまないように，きれいなリースと白い北国の花のついた枝，または，純白でとても美しい優雅な松の木の繊細な小さな森を窓際に置いてくれます。しかし，王様の最も素晴らしい仕事は木に色を塗ることです。それは，仕事が済むと，まるで黄金とルビーの光り輝く層に覆われているように見えて，夏が去ったことを悲しむ私たちを慰めるのに十分な美しさを持つようになります。

霜の王様がどのようにして最初にこの親切な仕事を思いついたのかをお話ししましょう。なぜなら，それは不思議な物語なのです。皆さんは，この王様が他の王様と同様，お城に黄金と宝石の素晴らしい宝物を持っていることはおわかりでしょう。しかし，思いやりのある老齢の人なので，宝をいつもしまい込んでおくことはせず，それを使って善行を施し，人々を幸せにしようとするのです）

The Frost King by Helen Keller（ヘレン・ケラー作「霜の王様」）

King Frost lives in a beautiful palace far to the North, in the land of perpetual snow. The palace, which is magnificent beyond description, was built centuries ago, in the reign of King Glacier. At a little distance from the palace we might easily mistake it for a mountain whose peaks were mounting heavenward to receive the last kiss of the departing day. But on nearer approach we should discover our error. What we had supposed to be peaks were in reality a thousand glittering spires. Nothing could be more beautiful than the architecture of this ice-palace. The walls are curiously constructed of massive blocks of ice which terminate in cliff-like towers. The entrance to the palace is at the end of an arched recess, and it is guarded night and day by twelve soldierly-looking white Bears.

But, children, you must make King Frost a visit the very first opportunity you have, and see for yourselves this wonderful palace. The old King will welcome you kindly, for he loves children, and it is his chief delight to give them pleasure.

You must know that King Frost, like all other kings,

has great treasures of gold and precious stones; but as he is a generous old monarch, he endeavours to make a right use of his riches. So wherever he goes he does many wonderful works; he builds bridges over every stream, as transparent as glass, but often as strong as iron; he shakes the forest trees until the ripe nuts fall into the laps of laughing children; he puts the flowers to sleep with one touch of his hand; then, lest we should mourn for the bright faces of the flowers, he paints the leaves with gold and crimson and emerald, and when his task is done the trees are beautiful enough to comfort us for the flight of summer. I will tell you how King Frost happened to think of painting the leaves, for it is a strange story.

(Norton 版：262-263)

（霜の王様は，遠く北のほうの万年雪の国の美しいお城に住んでいます。お城は言葉では言い尽くせないほど壮麗で，何世紀も前，氷河王の治世に建てられました。お城から少し離れたところで見ると，私たちは，その頂を暮れ行く日の最後の口づけを受けとるために天に向かって登っている山と多分見間違えてしまうでしょう。しかし，もっと近寄ると，誤りに気がつくはずです。山頂だと思ったものは，本当は無数のきらきら輝く尖塔だったのです。この氷のお城の建築様式ほど美しいものはないでしょう。壁は，先が崖のような塔になっている巨大な氷の塊で精巧に構築されて

います。お城の入り口は壁面の弓形に引っ込んだところの端にあり，12頭の勇ましい顔つきの白熊によって日夜警備されています。

　しかし，子どもの皆さん，機会があり次第ぜひ霜の王様を訪問して，自分自身でこの素晴らしいお城を見てください。老齢の王様は皆さんを心優しく歓迎してくれるでしょう。なぜなら王様は子どもたちが好きで，子どもたちに喜びを与えることが王様の第一の楽しみだからです。

　霜の王様は他の王様と同様，黄金と宝石の素晴らしい宝物を持っていることはおわかりになるでしょう。しかし，王様は物惜しみしない老君主なので，自分の富を正しく使おうと努力します。そこで，どこへ行っても王様は素晴らしい仕事をします。王様はすべての川に橋を架けます。その橋はガラスのように透明ですが，たいてい鉄のように強いのです。王様は熟した木の実がうれしそうな子どもたちのひざの上に落ちるまで森の木を揺らします。王様は一回手で触れて花たちを眠らせます。それから，私たちが花の明るい顔を見られなくなることを悲しまないように，葉を黄金と深紅とエメラルドの色で塗ります。そして，仕事が終わると，木々は，夏が去ったことを悲しむ私たちを慰めるのに十分な美しさをもつようになります。霜の王様がどのようにして木の葉に色をつけることを思いついたかお話しましょう。なぜなら，それは不思議な物語なのです）

皆さんはどう思われたであろうか。本書では一部分だけを抜き

出しただけなので，はっきりしないところもあるとは思うが，確かに二つの物語には似ているところと違うところがある。なお，上の引用に出てくる不思議な物語の内容は，「霜の妖精」に沿って大まかに要約すると，次のようになる。

〈不思議な物語のあらすじ〉

　霜の王様は，ある日，親切な隣人のサンタクロースに，自分の宝物を使って貧しい人へ食べ物や着る物のプレゼントを買うなど，よいことをしてもらいたいと思い，妖精たちに黄金と宝石をサンタクロースのところへ運ぶように命じる。妖精たちは疲れたために，森の途中でしばらく宝物を木の葉の中に隠して木の実採りに興じていると，その様子を見ていた王様の敵のミスター太陽（Mr. Sun）の明るい目の力によって黄金や宝石が溶け出し，木の葉についてしまう。しかし，それがあまりに美しかったため，通りかかった子どもたちが見てとても幸せな気持ちになる。霜の王様は，怠け者の妖精たちを叱る一方，自分の宝物が人を幸せにできることを知って，溶かした黄金や宝石で木に色を塗ることになった。

ヘレン・ケラーの「霜の王様」も，表現や組み立てに多少の違いはみられるものの，ほぼこのような線に沿って書かれている。

　それにしても，ヘレン・ケラーの記憶力はすごい。物語を聞いた時点では，その物語の意味は分からなかったとしても，指文字

として聞いた文についてはほとんど覚えていたということになる。キャンビーが書いたものからの盗用はこの他にもあったようであるが，キャンビーはむしろヘレン・ケラーを擁護する側の一人になって，ヘレン・ケラーが驚くほどの触覚記憶と並外れた集中力を持っていたと述べている (Herrmann: 84)。

　メイシーの解説には興味深い二つの指摘がある。一つは，サリヴァンがヘレン・ケラーに模倣することを許していたということ，もう一つは，「霜の王様」に関連して，ヘレン・ケラーの書いたものには，キャンビーのオリジナルと比べると，優れた想像力が感じられるということである (Macy: 271-272)。実際，キャンビー自身も，ヘレン・ケラーが模倣の中にも自分なりの表現を加えて，元の作品をよりよいものにしていると称賛している (Herrmann: 84)。

　メイシーの一つ目の指摘との関連では，次のサリヴァンの言葉が興味深い。

> In the early part of her education I had full knowledge of all the books she read and of nearly all the stories which were read to her, and could without difficulty trace the source of any adaptations noted in her writing or conversation; and I have always been much pleased to observe how appropriately she applies the expressions of a favourite author in her own compositions.　　(Sullivan: 251)

　（教育が始まった頃，私は，彼女［ヘレン］が読んでいた本のすべ
てについてと読んでもらっていた物語のほとんどすべてについて，
十分わかっていましたから，彼女の書き物や会話の中で認められ
る改作の出所についてはなんなく突き止めることができました。
彼女が自分の作文の中で好きな作家の表現をとても適切に用いて
いるのをみると，私はいつも大変うれしかったのです）

　オリジナル版には，ヘレンが書いた手紙がたくさん掲載されてい
るが，以上のようなことから考えると，サリヴァンは，ヘレンに
読んだ本の表現を使って手紙などを書くように指導していたのか
もしれない。読書によるインプットだけでなく，手紙などを書く
というアウトプットの重要性についても，サリヴァンは考えてい
たのであろう。

　ヘレン・ケラーは剽窃のことがトラウマになったようで，
1894 年に出版された "My Story"（「私の物語」：いわば *Story* の元
になるもの）の冒頭には，"Written wholly without help of any
sort by a deaf and blind girl, twelve years old ...."（いかなる助
けもなく，耳と目が不自由な 12 歳の少女によって全部書かれたもの）と
いう但し書きがついている（Herrmann: 89）（.... は原文のまま）。ヘ
レン・ケラーにとっては，自分で考えたことと他の人が考えたこ
とが自分の中で区別できなくなり，しばらくの間は精神的に苦し
い状況が続いたようである。

2.10.　合理論と経験論

　サリヴァンが手紙・報告書の中で特に言及しているわけではないが，生得的な能力を基盤とする合理論（rationalism）と経験を基盤とする経験論（empiricism）の問題は，言語のことを考える際には忘れてはならないテーマである。本書では合理論を基にして論を進めることにはなるが，合理論と経験論を二項対立的なものとして見るのではなく，相互依存的なものとして考えることにする。

　サリヴァンは経験の重要性について次のように述べている。

> Language grows out of life, out of its needs and experiences … . I never taught language for the purpose of teaching it[.] … In order to use language intelligently, one must have something to talk about, and having something to talk about is the result of having had experiences[.]　　　　　　　　　　　　　　　(Sullivan: 211)
> （言葉は生活やその必要や経験から生まれます。… 私は言葉を教える目的で教えたことはありません。…言葉を知的に使うためには，人は話すべきことを持っていなければならず，話すべきことがあるということは，経験したことがあるということの結果なのです）

実際，ヘレン・ケラーの言語習得は，彼女の経験が増えるにつれ

て急速な進歩を遂げている（Sullivan: 192）。この点については，ヘレン・ケラーの言語習得について論じているギル（Jerry H. Gill）も同様で，1997年の本の中で，ヘレン・ケラーが言語を習得できたのは，周りの世界とかかわるとともに，絶えず言語を使う状況の中にいた結果であると述べている（Gill（1997: 58））。言語習得の過程においては，子どもが具体的に経験しているかどうかが重要なポイントになる。

　サリヴァンは，出会った頃のヘレン・ケラーについて，"At first my little pupil's mind was all but vacant. She had been living in a world she could not realize." (Sullivan: 211)（初めは，私の生徒の心はほとんど空でした。彼女はずっと理解することのできない世界に住んでいました）と書いている。つまり，ヘレンは経験を通して知識を習得するまでは，語るべきものを持っていなかったということである。

　以上のように，サリヴァンはヘレンに対しては模倣や経験を重視していたが，それと同時に，"The child comes into the world with the ability to learn, and he learns of himself, provided he is supplied with sufficient outward stimulus." (Sullivan: 151)（子どもは学ぶ能力を持ってこの世に生まれてくるもので，外からの十分な刺激があれば，ひとりでに学ぶようになります）とも考えていた。また，2.6節でみたように，サリヴァンはヘレン・ケラーの模倣を超えた言葉の使用にも言及している。これらのことからも，サリヴァンは人間の生得的な能力にも気づいていて，"Children will educate themselves under right conditions. They require guid-ance and sympathy far more than instruction." (Sullivan: 212)（子どもたちは適切な条件のもとではみずから学ぶものです。彼らは教育よりは導きや思いやりを必要とします）というように，子どもの持っている生得的な能力を前提にしてヘレン・ケラーと向き合っていたと考えられる。

　次の記述は，ヘレンに性や生命のことをわからせようとした際に，サリヴァンが感じたことであるが，人間の生得的な能力への言及とみてよいであろう。

> [T]he readiness with which she comprehended the great facts of physical life confirmed me in the opinion that the child has dormant within him, when he comes into the world, all the experiences of the race. These experiences are like photographic negatives, until language develops them and brings out the memory-images.　　(Sullivan: 167)
> （彼女が身体的な［性に関連した］生命の偉大な事実について理解する準備ができていたことを知って，子どもはこの世に生まれてくる時には，人類の経験のすべてを潜在的に持っているという考え方を確信するようになりました。これらの経験は写真のネガのようなもので，言語がそれらを現像し記憶映像を引き出すのです）

生得性の問題は，本書の重要なテーマの一つであり，第 3 章で再び取り上げることになる。

2.11. 言語を持つこと

　人間にとって言語を持つことの重要性に関連して，サリヴァンは，1889 年 10 月頃（9 歳）のヘレン・ケラーについて，次のように述べている。

> The intellectual improvement which Helen has made in the past two years is shown more clearly in her greater command of language and in her ability to recognize nicer shades of meaning in the use of words, than in any other branch of her education.　　　　　　(Sullivan: 200)
>
> （この 2 年間にヘレンが見せた知的な面での進歩は，教育における他のどんなことよりも，言葉をより自由に使えるようになったことと，単語の使用におけるより微妙な意味の差異を識別できるようになったことに一層はっきりと示されています）

ヘレン・ケラー自身も，*World* の中で，サリヴァン赴任前の自分について，自分が存在することを知らず，意志も知力もなかったと振り返っている（*World*: 113）。

　ジャッケンドフについては，第 3 章で言語学の観点から検討することになるが，本節の「言語を持つこと」との関連で 2007 年に書かれた本の中に興味深い記述があるので，ここで見ておくことにする。1980 年代にニカラグアの革命政府は耳の不自由な人のための教育施設を創設したが，その結果，それまで言語にさ

らされたことのなかった人々の間にコミュニティーができ，そこに新しい手話言語が生まれることになった。ジャッケンドフは，これらの人々は言語を習得する以前は，自らの思考を経験することはできなかったにちがいないと考えていた。そのことを裏付けることとして，このコミュニティーを取り上げた BBC のドキュメンタリーの中で，一人の話し手が「私は考えることがどういうことかわからなかった。思考は私には何の意味もなかった」と語っていることに言及している。そして，人間は言語を持つことによって，より一層考えることができ，また，一層思考を意識することができるようになると述べている（Jackendoff (2007: 107)）。つまり，言語の発達と人間の思考の発達の間には密接な関係があるということである。これは，ヘレン・ケラーの場合にもあてはまり，言語を習得したことが彼女の人間形成に重要な役割を果たしたということである。

2.12. 言語の習得と社会性

　本節では，言語を習得したことで育っていったヘレン・ケラーの社会性について見ることにする。ヘレン・ケラーはサリヴァンが赴任してしばらくは，以下のように手に負えないところがあった。

　　[H]er restless spirit gropes in the dark.　Her untaught, un-

56

> satisfied hands destroy whatever they touch because they
> do not know what else to do with things.　　(Sullivan: 139)
> （彼女のじっとしていない魂は暗闇の中を手探りしています。教
> わったこともなく，満たされない彼女の手は，物を他にどう扱っ
> たらよいかわからないため，触るものはことごとく壊してゆきま
> す）

言葉を知らず，自分を表現できないためにいらいらしていたヘレ
ン・ケラーの様子を記している箇所である。しかし，言葉を学ぶ
ようになってからは，周りの状況を次第に理解し，それなりの振
る舞いができるようになってゆく。次の二つの記述からは，言葉
を学ぶ前とそれ以後のヘレン・ケラーの振る舞いの変化がわか
る。

〈サリヴァン赴任前：言葉を学ぶ前〉

> I think I knew when I was naughty, for I knew that it hurt
> Ella, my nurse, to kick her, and when my fit of temper
> was over I had a feeling akin to regret.　But I cannot re-
> member any instance in which this feeling prevented me
> from repeating the naughtiness when I failed to get what
> I wanted.　　　　　　　　　　　　　　　　(*Story*: 18)
> （私は自分が悪い子である時はわかっていたと思います。というの
> は，乳母のエラを蹴れば，痛みを与えることはわかっていました
> し，かんしゃくの発作が収まれば，後悔に似た感じもありました

ので。しかし，この気持ちがあるために，欲しいものが得られない場合にも悪い子にはならないようにしたというようなことは一度も覚えていません）

〈サリヴァン赴任後：言葉を学ぶようになってから〉
On entering the door I remembered the doll I had broken. I felt my way to the hearth and picked up the pieces. I tried vainly to put them together. Then my eyes filled with tears; for I realized what I had done, and for the first time I felt repentance and sorrow. 　　　　　(*Story*: 28)
（家の中に入ると，私は壊した人形のことを思い出しました。私は手探りで暖炉のところまで行き，破片を拾い集めました。元どおりにしようとしましたがだめでした。それで，私の目は涙でいっぱいになりました。自分がどんなことをしたかわかったからです。そして，初めて後悔と悲しみの気持ちを感じたのでした）

　二番目の記述は，2.3 節で触れた water の綴りと意味の対応を理解してうれしい気持ちになって家に戻ってきた際，壊してしまった人形のことを思い出して後悔する場面である。彼女の中に社会性が育ってきていることがうかがえる。
　同じようなことが，汽車に乗った際のヘレン・ケラーの振る舞いの違いにも見ることができる。それは，やはり，サリヴァン赴任（7 歳になる 3 か月前）の前か後かが問題になる二つの旅である。一つは，6 歳の時にボルティモアによい眼科医がいるという

ことで，両親とその医者を訪ねる旅（2.2 節の引用参照），もう一つ
は，8 歳の時にサリヴァンとパーキンス盲学校のあるボストンに
行く旅である。

> How different this journey was from the one I had made
> to Baltimore two years before! I was no longer a restless,
> excitable little creature, requiring the attention of every-
> body on the train to keep me amused. I sat quietly beside
> Miss Sullivan, taking in with eager interest all that she
> told me about what she saw out of the car window[.]
>
> (*Story*: 41)
>
> （今回の旅行は，2 年前にボルティモアへ行った時のものとなんと
> 違うことでしょう！ 私はもはや，退屈しないように，汽車に乗り
> 合わせたすべての人に注目してもらおうとする，落ち着きのない
> 興奮しやすい子どもではありませんでした。私は，サリヴァン先
> 生の隣に静かに座って，先生が車窓から見えるものについて話し
> てくださるすべてのことを真剣な関心をもってじっと聞き入るよ
> うになっていました）

サリヴァンから言葉を学び，ある程度それを使えるようになった
こともあってか，彼女の中に落ち着きのようなものが出てきて，
社会的な振る舞いの仕方を理解し始めた様子が見てとれる箇所で
ある。

　以上のことからも，人間として生きてゆくために不可欠な社会

性も，言語の習得なしには育っていかないものであるということ
が見えてくる。

2.13.　音声的に言葉を発すること

　2.11 節では人間であることと言語を習得することの関係につ
いて見たが，ヘレン・ケラーは，早い段階から周りの人と同じよ
うに話せるようになりたいと思っていた。次の記述には，口から
言葉を発するという伝達手段を使えなかった頃のヘレンのいらだ
ちの気持ちが伝わってくる。

> I had known for a long time that the people about me
> used a method of communication different from mine;
> and even before I knew that a deaf child could be taught
> to speak, I was conscious of dissatisfaction with the
> means of communication I already possessed.　One who
> is entirely dependent upon the manual alphabet has al-
> ways a sense of restraint, of narrowness.　　　　(*Story*: 52)
>
> （私は長い間，周りの人が私のものとは違う伝達方法を使っている
> ことを知っていました。そして，耳の不自由な子どもでも話すこ
> とを教えてもらうことができるということを知る以前でさえも，
> 私がすでに使っていた伝達手段に対する不満に気がついていまし
> た。もっぱら指文字に頼っている人は，いつも制限とか狭さの感

60

　　覚を持っています）

そして，*Midstream* の中では，耳の不自由な人にとって話すことを習得することがいかに難しいかについて述べ，耳の不自由な人に対する話し言葉の教育の重要性を強調している（*Midstream*: 90）。

　なお，*Story* が出版された頃のヘレン・ケラーの話し方については， メイシー が "It is hard to say whether or not Miss Keller's speech is easy to understand. Some understand her readily; others do not." (Macy: 240) （ケラー女史の話し方がわかりやすいかどうかというのは難しいところである。彼女の言うことをたやすく理解する人もいれば，そうでない人もいる）と書いている。

2.14.　大学入学

　ヘレン・ケラーは子どもの頃から大学，特にハーバードに行きたいと思っていたようで，*Story* には次のような記述がある。

> When I was a little girl, I visited Wellesley and surprised my friends by the announcement, "Some day I shall go to college—but I shall go to Harvard!"　When asked why I would not go to Wellesley, I replied that there were only girls there.　The thought of going to college took root in my heart and became an earnest desire, which impelled

me to enter into competition for a degree with seeing and
hearing girls, in the face of the strong opposition of many
true and wise friends[.]　　　　　　　　　　　　　　　(*Story*: 71)

（私は少女の頃，ウェルズリー［・カレッジ］を訪れたことがあり
ますが，その際「私はいつか大学に行く。でもハーバードへ行く！」
と宣言して，友達を驚かせたことがありました。なぜウェルズリー
には行かないのかと聞かれて，そこには女子しかいないからと答
えました。大学に行くという考えは私の心の中に根付いて真剣な
願望になっていて，多くの誠実で賢明な友達からの強い反対にあ
いながらも，私は目が見え耳が聞こえる女性と学位を目指して競
争することになったのです）（Some day は原文のまま）

　当時，ハーバード大学は女子の入学を認めていなかったが，女
子のための提携校であるラドクリフ・カレッジに入学する可能性
がないわけではなかった。ただ，そのためには，大学入学への準
備をする学校に入る必要があり，ラドクリフの元学長の提案
もあって，ケンブリッジ女学校（Cambridge School for Young
Ladies）に願書を出し，16歳の1896年に入学することになる
(Herrmann: 114-115)。

　ケンブリッジ女学校では，サリヴァンが授業に付き添い，つ
きっきりでヘレン・ケラーの手のひらに授業の内容を綴ることに
なる。*Letters* と *Story* には次のような記述が見られるが，サリ
ヴァンとヘレン・ケラー双方の忍耐力は驚くばかりである。

[T]here is a great deal of preparatory reading required, and, as few of the books are in raised print, poor Teacher has to spell them all out to me; and that means hard work. (*Letters*: 352: 16 歳)

（たくさんの予備的な読書が要求されます。しかし，ほとんどの本が浮き出し印刷になっていないため，お気の毒に先生はそれらをすべて私の手に綴らなくてはいけません。それは骨の折れる仕事です）

Each day Miss Sullivan went to the classes with me and spelled into my hand with infinite patience all that the teachers said. (*Story*: 72)

（毎日サリヴァン先生は私と一緒に授業に行き，非常に辛抱強く先生たちが言ったすべてのことを私の手のひらに綴ってくださいました）

ケンブリッジ女学校で勉強を重ね，ヘレン・ケラーはラドクリフへの予備試験と最終試験を受けることになる。*Story* には二つの試験に関する記述があり，試験の様子が少し伝わってくる。

〈予備試験について〉

I took my preliminary examinations for Radcliffe from the 29th of June to the 3rd of July in 1897. The subjects I offered were Elementary and Advanced German, French,

Latin, English, and Greek and Roman history, making nine hours in all. I passed in everything, and received "honours" in German and English. 　　　　　(*Story*: 74)

（私はラドクリフへの予備試験を 1897 年の 6 月 29 日から 7 月 3 日まで受けました。申請した科目は初級・上級ドイツ語，フランス語，ラテン語，英語，それとギリシャ語，それにローマ史で，合計 9 時間になりました。すべてに合格し，ドイツ語と英語については「優等」をもらいました）

〈最終試験について〉

On the 29th and 30th of June, 1899, I took my final examinations for Radcliff College. The first day I had Elementary Greek and Advanced Latin, and the second day Geometry, Algebra and Advanced Greek. The college authorities did not allow Miss Sullivan to read the examination papers to me; so Mr. Eugene C. Vining, one of the instructors at the Perkins Institution for the Blind, was employed to copy the papers for me in American braille.

　　　　　(*Story*: 79)

（1899 年の 6 月 29 日と 30 日にラドクリフ・カレッジへの最終試験を受けました。1 日目は初級ギリシャ語と上級ラテン語，2 日目は幾何，代数，上級ギリシャ語を受けました。大学当局はサリヴァン先生が私に試験問題を読むことは許可せず，問題をアメリカ式

64

　点字に転写するために，パーキンス盲学校の教師の一人のユージ
ン・C・ヴァイニング氏が雇われました）

　語学に関する点字については，彼女はアメリカ式，イギリス
式，ニューヨーク・ポイント式の三つの方式を知っていたので何
とかなったが，代数については彼女は普段イギリス式だけを使っ
ており，試験問題がアメリカ式になったために，記号や符号が異
なり困ったこと，また，幾何でも点字への対応が大変だったこと
が *Story*（79-80）に書かれている。それでも，苦労の末，1900
年にラドクリフへの入学を果たした。

　大学は彼女が以前から思い描いていたものとはかなり違ってい
たようで，そのことについては *Story* の第 20 章に書かれている
が，1904 年の 24 歳の誕生日の翌日に他の 95 人の同期生ととも
に卒業している。彼女の学位は文学士（Bachelor of Arts）で，
その学位記には，すべての課程の修了認定とととともに，英文学に
優れていることが付記されていた（Herrmann: 137-138）。

　The Story of My Life は，ラドクリフ在学中に書かれたもので，
この章で取りあげてきた，誕生から大学生活までの軌跡を，彼女
の英語を通して読むことができる。なお，*Story* を編集したメイ
シーの解説の中には，次のような興味深い二つのコメントがあ
る。

　No one can have read Miss Keller's autobiography without feeling that she writes unusually fine English.

(Macy: 248)

（ケラー女史の自伝を読んだ人ならだれでも，彼女が非常に見事な
英語を書いていると感じるはずである）

Mr. Charles T. Copeland, who has been for many years
instructor in English and Lecturer on English Literature at
Harvard and Radcliffe, said to me: "In some of her work
she has shown that she can write better than any pupil I
ever had, man or woman. She has an excellent 'ear' for
the flow of sentences."　　　　　　　　　　(Macy: 279)

（長年ハーバードとラドクリフで英語の教師と英文学講師をしてい
たチャールズ・T・コープランド氏は，「彼女［ヘレン］が書いたも
のをいくつか見ると，男性であれ女性であれ，私がこれまでにもっ
たどんな教え子よりも書くことがうまいということがわかります。
彼女には文の流れに対する優れた才がある。」と私に話してくれた
ことがあります）

　ここまでを振り返ってみると，ヘレン・ケラーが普通の人以上
にきちんとした英語を書くことができたことがわかり，生涯で
14冊（Herrmann: 347）の本を書き上げたこともけっして不思議で
はないと思えてくる。
　2.5節と2.6節では4技能との関連でタイプライターのことに
触れたが，最後にヘレン・ケラーが学生時代の様子を書いている

箇所を引用しておくことにする。以下の引用からは，困難の中に
あってもユーモアを忘れない彼女の強さのようなものが伝わって
くる。

> [I] use a typewriter—it is my right hand man, so to speak.
> Without it I do not see how I could go to college. I write
> all my themes and examinations on it, even Greek. In-
> deed, it has only one drawback, and that probably is re-
> garded as an advantage by the professors; it is that one's
> mistakes may be detected at a glance; for there is no
> chance to hide them in illegible writing.
>
> (*Letters*: 385: 21 歳)
>
> （私はタイプライターを使っています。タイプライターはいわば私
> の右腕です。タイプライターがなかったら，どのように大学に通
> えるのかわかりません。すべての作文や試験，ギリシャ語さえも
> タイプライターで書きます。実はただ一つ，おそらく先生方にとっ
> ては大きな利点とみなされるでしょうが，欠点があります。ミス
> が一目でわかってしまうのです。なぜなら，判読しにくい字で隠
> せる見込みがないからです）

第 3 章

ジャッケンドフを通して見る
ヘレン・ケラーの言語習得

　これまで，ヘレン・ケラーの誕生から大学卒業までの軌跡と教師としてのサリヴァンがどのようにヘレン・ケラーを教育したかを見てきた。これまでのことから見えてくることは，目と耳が不自由であるにもかかわらず，英語に関しては，彼女は普通の人と同じように，あるいはそれ以上に習熟していたということである。折に触れて引用してきたヘレン・ケラーが書いた英語をご覧になって，皆さんはどのような感想を持たれたであろうか。その英語はきちんとしており，英語だけを見ていると，目と耳が不自由であることを忘れてしまうほどである。もちろん，ここまでになるためには，彼女の想像を絶する努力があったことは言うまでもない。それにしても，ヘレン・ケラーの言語習得は，どうして可能だったのであろうか。何がそれを支えていたのであろうか。

3.1.　ジャッケンドフ

　本章ではヘレン・ケラーの言語習得を支えた生得的な面について見ることにする。第 3 章での検討でよりどころとなるのは，アメリカのブランダイス大学（Brandeis University）とタフツ大学（Tufts University）で教鞭をとっていた言語学者ジャッケンドフの考え方である。ジャッケンドフは，1970 年代のはじめから生成文法の枠組みの中で，意味論を軸に人間言語の全体像を探求

してきた。生成文法の主流的な考え方が，文の形式を扱う統語論（syntax）を中心にし，音を扱う音韻論（phonology）と意味を扱う意味論（semantics）を従属的とするのに対し，彼は三つの部門それぞれに自律性を与える立場をとる。ジャッケンドフの場合は，研究対象を言語の分析だけに限っているわけではなく，言語と思考，空間構造など幅広い視点から考察しており，ヘレン・ケラーの言語習得における生得的な面を検討する際にはとても有効なように思われる。ここでは，ジャッケンドフの理論的枠組みや言語研究における位置づけ等に立ち入ることはせず，ヘレン・ケラーの言語習得の解明にとって関係のありそうなテーマについていくつか見てゆくことにする。

3.2.　普遍文法

　人間は，普通の状況であれば，だれでも 10 歳くらいまで（Jackendoff (1993: 26)）に第一言語（母語）を習得し，その後無限の新しい文を話したり，理解したりすることができるようになる。このような能力は人間だけが遺伝的に継承しているもので，生成文法はこのような能力の解明を目指してきた。

　言語習得についてジャッケンドフは，人間は子どもの時に，言語に関する生得的な知識が備わった状態で言語の習得に取りかかると述べている（同書 : 28）。第 1 章で言及した普遍文法は，このような言語に関する生得的な知識のことを指しており，ジャッケ

ンドフによれば，普遍文法は学んで身につくものではなく，むしろ，学習を可能にさせる仕組みということになる（同書：29）。

　普遍文法をこのようなものとして考えると，ヘレン・ケラーの言語習得のプロセスの中にも，普遍文法の働きをみることができる。2.10 節でも触れたように，サリヴァンは，ヘレン・ケラーと向き合う時には，子どもはみずから学ぶ能力を持って生まれてくるという生得性を常に意識していた。指文字や読書で英語の文にさらされる中で，ヘレンは自分で英語の文法を発見していったことになるが，これは普遍文法の働きがあればこそ可能になったものと思われる。

　以上のような普遍文法の考え方を踏まえて，次は個別言語の知識として脳に蓄えられる文法について考えることにする。これにより，ヘレン・ケラーの英語の習得のシナリオが見えてくるはずである。

3.3.　個別文法

　すでにみたように，人間は新しい文を話したり理解したりすることができるが，そのためには我々の脳の中に何らかの規則のようなものが備わっている必要がある。ジャッケンドフは，我々が新しい文を話したり理解することができるためには，我々の脳の中に我々の言語の単語だけでなく，我々の言語における可能なパターンを蓄えていなければならないと考える（Jackendoff（1993:

14))。そして，これらのパターンを，脳に蓄えられた無意識の規則の集合という意味で心的文法（mental grammar）と呼び，それを次のようにまとめている。

　(1)　心的文法＝生得的な部分（普遍文法）＋学習した部分

(Jackendoff (1993: 34))

この節のタイトルになっている個別文法（particular grammar）とは，このような考え方に基づく心的文法のことを指し，ヘレン・ケラーがサリヴァンや周りの人との触れ合いの中で自分で発見していったのも，英語という個別言語に関する規則としての個別文法ということになる。

　北川・上山は 2004 年の本の中で，言語習得における普遍文法と個別文法の関係について，「生成文法では，子供が実際の言語にふれることによって，普遍文法がその言語の文法（個別文法）へと発達すると考えている。つまり，言語習得とは，（普遍文法という）一般的で抽象的な人間言語に関する知識が，（個別言語に関する）もっと具体的な知識に変化する成長過程である，という仮説である。」（北川・上山 (2004: 12)) と説明している。

　なお，個別文法の習得に関連して押さえておきたい点がある。ジャッケンドフは，言語学習は遺伝的な部分に支えられているため，習得される知識が複雑であるにもかかわらず，すべての普通の子どもにとって言語学習は可能になると考えている (Jackendoff (1993: 35))。ここで問題となるのは「すべての普通の子ども (every normal child)」という点である。ヘレン・ケラーは見事に英語の文法を習得したが，彼女は普通の子どもと言えるのであろうか。この点に関しては，ハーマンが，ヘレンは生後 19 か月まで見ることと聞くことができ，生命にかかわる病気から神経学的損傷や追加的な障害もなく回復できたことは幸運であった（Herrmann (341–342)）と述べていることからも，ジャッケンドフの言う遺伝的な部分の支えについてはあったと考えてよいであろう。そうであるならば，普遍文法を基盤とした個別文法の習得は可能であったとみてよいことになる。

残るは，上で見たジャッケンドフの言う「学習した部分 (learned part)」や北川・上山の言う「実際の言語にふれることによって」という点になるが，ヘレン・ケラーの場合は，サリヴァンをはじめとした周りの人々との接触の中で，これらのことは十分に果たされていたことになるのであろう。

以上，普遍文法と個別文法について検討してきたが，この検討を通して，ヘレン・ケラーの英語の習得の様子が少し見えてきたように思われる。

3.4. 空間構造

3.1 節でも触れたように，ジャッケンドフは，意味論を統語論に従属するものではなく自律的なものと考える。中心に概念構造 (conceptual structure: CS) というレベルを設け，その意味論を

概念意味論（Conceptual Semantics）と呼んでいる。もともと概念構造は，言語的な意味構造よりもう少し広くとらえられたもので，言語的な情報と視覚など他の感覚器官からの情報を両立させるようなレベルであったが，最近では，視覚などの情報については空間構造（spatial structure: SpS）というレベルを設け，概念化された世界の理解を概念構造と空間構造の間で分担するという考え方になっている。

　概念構造と空間構造の関係についてジャッケンドフは，言語の文法的な側面は概念構造のみに言及し，事物の形や位置などが形式化される空間構造には言及しないとしている。空間構造は言語が視覚や触覚などと間接的につながりをもつところで，空間構造とつながりをもつことによって，人間は見たものについて話すことができると考えている（Jackendoff (2002: 348)）。そして，意味における概念構造と空間構造の分離を組み込んだ関係を次の（1）のように図示している。

　　（1）

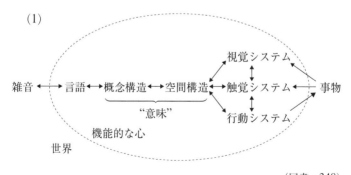

（同書：348）

74

なお，（1）の図では，「機能的な心」という表現が使われているが，ジャッケンドフは，心（mind）を脳の機能的（functional）な組織・活動と考えており，心の一般的な用法と区別するために，「機能的な心（functional mind: f-mind）」という用語を使っている（Jackendoff (2002: 21)）。

　ジャッケンドフに従えば，人間は概念構造と空間構造の間のつながりにより，見たもの，触ったものについて言語で表現することができるということになるが，このように考えると，目と耳が不自由であったヘレン・ケラーが言語を習得するにあたり必要だったものが見えてくる。彼女の場合は中心になるのは触覚であるが，嗅覚も重要な役割を果たすことになる。以下の記述からはその様子が伝わってくる。

> My hand is to me what your hearing and sight together are to you. (*World*: 5)
> （私の手と私との関係は，皆さんの聴覚と視覚を合わせたものと皆さんとの関係と同じです）

> My fingers cannot, of course, get the impression of a large whole at a glance; but I feel the parts, and my mind puts them together. (*World*: 12)
> （もちろん，私の指は即座に大きな全体についての印象を受けることはできませんが，部分部分に触ってみて，心の中でそれらをまとめてゆくのです）

When I walk out in my garden I cannot see the beautiful
flowers but I know that they are all around me; for is not
the air sweet with their fragrance?　　　(*Letters*: 308: 9 歳)
（庭に出て散歩する時，私には美しい花を目で見ることはできませ
んが，あたり一面に花があることはわかります。だって，花の香
りで空気が甘くありませんか）

I usually know what part of the city I am in by the
odours.　　　　　　　　　　　　　　　　(*Midstream*: 164)
（私はたいてい自分が街のどこにいるかは匂いでわかります）

以上のことからも，ヘレン・ケラーが触覚と嗅覚を使って，自分
の周りの状況を理解していたことがわかる。

　なお，ヘレン・ケラーの外界理解には，振動も重要であったこ
とが以下の箇所からわかる。

I stood in the middle of the church, where the vibrations
from the great organ were strongest, and I felt the mighty
waves of sound beat against me, as the great billows beat
against a ship at sea ….　　　　　　　(*Letters*: 373: 19 歳)
（私は大きなオルガンの振動が一番強い教会の真ん中に立ってい
て，ちょうど海上で大波が船にあたるように，力強い音の波動が
私にあたるのを感じました ….）（…. は原文のまま）

　しかし，一方で，ヘレン・ケラーが書いた本を読んだ人の中に

は，彼女の感覚は代理（vicarious）のものであると批判する人も
いた。この点に関しては，シャタックが「あとがき」の中で次の
ように書いている。

> "All her knowledge is hearsay knowledge; her very sensa-
> tions are for the most part vicarious." This rebuke ap-
> peared in the *Nation* in 1903 and was reprinted in the
> *New York Post*.   (Shattuck: 440)
>
> （「彼女の知識はすべて聞き伝えの知識であり，まさに彼女の感覚
> はほとんどが代理のものである。」この批判が 1903 年に雑誌『ネ
> イション』に掲載され，『ニューヨークポスト』に転載された）

代理であると非難する人に関してヘレン・ケラーは，*World* の中
で，"They declare that the very sensations we have from the
sense of touch are "vicarious," as though our friends felt the
sun for us!"（*World*: 40）（彼ら［批評家の人たち］は，私たち［目の不
自由な人間］が触覚から得るまさにその感覚は，まるで友達が私たちの
代わりに太陽を感じるかのような，「代理」のものであると公然と言うの
です！）と述べている。

　確かに，色彩や周りの状況については，彼女は直接見たり聞い
たりはできないため，サリヴァンや母親をはじめとして周りの人
が説明をしている。以下の記述からはその様子がうかがえる。

I loved to have it described every time I entered it[.]

(*Story*: 70)

（そこ［セントラル・パーク］に入るたびに，公園について説明を
してもらうのが好きでした）

Daisy kept spelling to me the exquisite tints of sky and
water until it was dark[.]　　　　　　　　　　(*Midstream*: 129)

（デイジー［ベルの娘］が暗くなるまで，空や水の絶妙な色合いを
指文字で綴り続けてくれました）

She decribed to me the splendour of the sky and the en-
circling hills.　　　　　　　　　　　　　　　(*Midstream*: 160)

（彼女［母］は私に空とあたりの丘陵地帯の壮麗さを説明してくれ
ました）

これらの記述からわかることは，ヘレン・ケラーが触覚や嗅覚な
どによって自分の周りの状況を把握するとともに，そばにいる人
の説明を通して自分では見ることのできない外界を理解していた
ということである。

　ただ，そうは言っても，ヘレン・ケラーの中にはジレンマのよ
うなものがあったようである。以下の箇所を読むと，彼女の苦悩
する様子が伝わってくる。以下は，ラドクリフの教師コープラン
ドに宛てた手紙の一部である。

　I have always accepted other people's experiences and

observations as a matter of course. It never occurred to me that it might be worth while to make my own observations and describe the experiences peculiarly my own. Henceforth I am resolved to be myself, to live my own life and write my own thoughts when I have any.

(*Letters*: 380: 20 歳)

（私は，ずっと他の人の経験と観察を当然のこととして受け入れてきました。自分で観察して，とりわけ私独自の経験を書くようにしたほうがよいかもしれないとは思い浮かびませんでした。これからは，自分自身になり，自分の人生を生き，自分の考えがあればそれを書こうと決心しています）（worth while は原文のまま）

3.5. 指示と真理

　指示（reference）と真理（truth）の問題からは，ジャッケンドフの概念意味論の特徴がよく見えてくる。ジャッケンドフは，人間が物理的には存在しないものを認識する例として，(2) のような図をあげている。

(Jackendoff (2002: 301))

(2a) では4つの点で正方形が，(2b) では縦の長方形の後ろに横の長方形が「見える」。ジャッケンドフは，(2) のような場合は，2つの事物は言語使用者によって概念化された世界における存在物を指すものとし，指示に関する概念主義的な考え方 (conceptualist theory of reference) を提唱する (Jackendoff (2002: 304))。

そして，ジャッケンドフは，指示を正しく理解するためには，世界を言語使用者の心の中に押し込む (push "the world" down into the mind of the language user) 必要があると述べている（同書：303）。少しややこしいようにもみえるが，要は，外界が言語使用者によって解釈されるということである。(2) の場合でいえば，あるように見える正方形や長方形は人間の知覚システムによって構築された「現実」(同書：308) で，それは言語使用者によって概念化された世界に存在するということになる。

また，ジャッケンドフは，概念化された世界については，我々はそれが他の人のものと一致するかどうかを絶えずチェックしているとも述べている（同書：332）。その意味では，ヘレン・ケラーにとって，周りの人から受ける説明は，ジャッケンドフの言うチェック機能の役割を果たしていたのかもしれない。

3.4節で挙げた引用の中に，"My fingers cannot, of course, get the impression of a large whole at a glance; but I feel the parts, and my mind puts them together." (*World:* 12) (もちろん，私の指は即座に大きな全体についての印象を受けることはできませんが，部分部分に触ってみて，心の中でそれらをまとめてゆくのです）という

ヘレン・ケラーの記述があったが，そこには，世界を言語使用者の心の中に押し込む様子を見てとることができる。触覚などを通して得られた情報を心の中に押し込み，再構成し，概念化された世界を構築しているのである。

　また，ヘレン・ケラーは想像力も使っているようで，ハーマンは，彼女の想像力が，触覚，嗅覚を通して得られる世界を意味ある場所としていたと考える (Herrmann: 161)。ヘレン・ケラー自身も *World* の中で，想像力がなかったら，自分の世界はとても貧弱なものになっていたことでしょうと記している (*World*: 13)。ヘレン・ケラーのように目と耳が不自由な人の場合は，一緒にいる人からの何らかの情報に加え，想像力を働かせて必要な外界認識を構築しているのではないかと思われる。

　ナイアガラの滝を訪れた際に，目と耳が不自由なヘレン・ケラーにとって，ナイアガラはどういう意味があるのかと質問されたことに関し，彼女は以下のように記述している。

　　It seems strange to many people that I should be impressed by the wonders and beauties of Niagara. They are always asking: "What does this beauty or that music mean to you? You cannot see the waves rolling up the beach or hear their roar. What do they mean to you?" In the most evident sense they mean everything. I cannot fathom or define their meaning any more than I can fathom or define love or religion or goodness.　　　　(*Story*: 64)

（私がナイアガラの滝の驚異と美しさに感動するなんて，多くの人にとっては不思議なようです。皆さんはいつも「この美しさやあの快い響きはあなたにどういう意味があるのですか。あなたは，波が岸に押し寄せるのを見ることはできないし，その轟を聞くこともできない。これらはあなたにとってどういう意味があるのですか。」と尋ねます。それらは最も明らかな意味ですべてのことを意味するのです。私がそれらの意味を測ったり定義できないのは，愛，宗教，善を測ったり定義できないのと同じです）

　ジャッケンドフは，存在物が現実の世界に存在することは，話者が指示するための必要条件でも十分条件でもなく，むしろ重要な要因は，適切な種類の存在物（an entity of the proper sort）を概念化していることであると考えている（Jackendoff（2002: 304））。すでに見たように，ヘレン・ケラーは触覚などを通して必要な空間構造は備えているわけで，そのように考えると，たとえ目と耳が不自由であったとしても，ナイアガラの滝は彼女にとっては指示可能な意味を持つ適切な種類の存在物ということになるのである。

第 4 章

英文法から見るヘレン・ケラーの英語

　本章では，ヘレン・ケラーが書いた英語について文法的な観点から検討する。これまでも，ヘレン・ケラーの書いた英語については折に触れて文章の形で引用してきたが，あくまで内容が中心で，個々の表現を取り上げて説明を加えることはなかった。本章では，彼女の書いた英語そのものに光を当てることになる。なお，4.5 節で例文として挙げるヘレン・ケラーの英語は，*Story* と *Letters* が中心になるが，必要に応じて *World* と *Midstream* からも挙げることにする。

4.1. 表現・構文の選定

　4.5 節における表現・構文の選定基準は，1.2 節「本書の構成」でも言及した，英文法の観点から興味深い表現や構文ということになる。第 1 章でも触れたように，本書の目的は，ヘレン・ケラーの「普通（以上）の英語が書ける奇跡」が何によって支えられているかを探ることである。ここで普通というのは，ヘレン・ケラーが英語の母語話者のように，普通に英語を書いているということであるが，実はその英語の質は普通どころではないのである。おそらくこの英語の質の高さがなければ，彼女が生涯に 10 数冊の本を書くことはできなかったであろうし，*The Story of My Life* が世界に与えたインパクトもそれほど大きいものにはな

らなかったであろう。2.14節で挙げた，メイシーの言葉を再度
確認しておくことにしよう。

No one can have read Miss Keller's autobiography with-
out feeling that she writes unusually fine English.

(Macy: 248)

（ケラー女史の自伝を読んだ人ならだれでも，彼女が非常に見事な
英語を書いていると感じるはずである）

　ヘレン・ケラーの本を読んでいると，文法的に興味深い英語の
文が豊富なことに驚かされる。4.5節における検証でおわかりい
ただけると思うが，ヘレン・ケラーの書いた英語には，英文法の
観点から説明の対象になりそうな文，また，最近の言語学の研究
成果を使って説明すると，より深く理解できるような文がたくさ
んある。このような背景もあり，検証の基盤となる表現や構文に
ついては，以下の4.5節で挙げてあるようなものを使うことにした。

4.2.　構文

　4.5節で取り上げる表現や構文のうち，構文について少し説明
を加えておくことにする。ここで用いる「構文」は，最近の言語
学において盛んに研究されているものである。○○構文というよ
うに名前をつけて用いられるが，その名前は，文がまとまりとし
て表す意味を反映している。たとえば，（1）のような文は結果構

文（resultative construction）と呼ばれる。

   (1)   He pounded the metal flat.

       （彼は金属をたたいて平らにした）

(1) のような文については，5 文型を使って SVOC として覚えている方もいらっしゃるかもしれない。それでは，(2) のような文はどうであろうか。(2) は描写構文（depictive construction）と呼ばれる。

   (2)   He left the room angry.

       （彼は怒って部屋から出て行った）

(2) の文も 5 文型でいうと SVOC になるが，まとまりとしての文の意味は (1) とは異なる。(1) は彼が金属をたたいた結果，金属が平らになったという状態変化を表しているが，(2) は，彼が怒った状態で部屋から出て行ったという状況を表す文になっている。結果構文については，さらにいくつかのタイプに分けて特徴を分析することができるが，それも，結果構文という名前（ラベル）がつくことで可能になる。

  以上のことからもわかるように，SVOC のような文型による説明だけでは，文の構造や意味を的確にとらえることはできないということである。そこで，4.5 節では，最近の言語学の研究成果を踏まえた表現や構文を基盤として，ヘレン・ケラーの英語を考察する。

4.3.　説明と文献案内

　4.5 節におけるヘレン・ケラーの英語の検証は，以下のような構成になる。

　　○ 表現・構文の見出しと導入的説明
　　○ ヘレン・ケラーの英語の例文の提示
　　○ 例文に関する文法的な説明（必要に応じて）
　　○ 追加説明と文献案内（4.6 節に分離して提示）

見出しにする表現や構文には，読者の方にとってあまりなじみのないものもあると思われるので，その表現や構文がどういうものかを，必要に応じて例文をあげながら導入的に説明する。続いて見出しに対応するヘレン・ケラーの書いた英語の例文を引用する。例文に関する文法的説明では，「… については … を参照」のような表現は避けるようにし，ヘレン・ケラーの英語がどういう点で文法的に興味深いかをできるだけわかりやすく説明することにする。

　ただ，このような文法的説明であると，説明しきれない部分が残ることも否めないので，さらなる説明を読んでみたい，関連する参考文献にはどのようなものがあるか知りたいと思われる読者のために，4.6 節「さらに読み進めるために： 追加説明と文献案内」を設けるようにした。そこでは，必要に応じて追加説明と当該の表現や構文に関する参考文献を提示することにする。追加説

88

明と文献案内がある場合は,「⇒「追加説明と文献案内」」,文献
案内のみの場合は,「⇒「文献案内」」と追記することにする。

なお,結果構文と way 構文に関しては,米山（2009）で使用
したものの再掲載はできるだけ避けるようにした。

4.4. 文法的説明のよりよい理解のために：品詞と句

4.5 節の文法的説明の中で使われる用語の説明を兼ね,名詞句
などの句の概念について確認しておくことにする。たとえば,
(1) のような文で主語や目的語に使われている「名詞」について,
皆さんはどのようなイメージをお持ちであろうか。

  (1) a. Bill saw Mary.（ビルはメアリーを見た）

      b. The boy saw an old man.（その少年は老人を見た）

(1a) では主語の Bill はたまたま 1 語で使われているが,その文
法的な位置づけは (1b) の冠詞のついた the boy と全く同じであ
る。同様のことは直接目的語の Mary と an old man についても
いえる。

一般に「名詞」と考えられているものは,実は,名詞を中心と
して構成された名詞句（noun phrase: NP）と呼ばれるものであ
る。(1b) の an old man では名詞の man の前に冠詞と形容詞が
ついているが,the arm of the chair（椅子のひじ掛け）のように後
ろにつく場合もある。関係節のついた the man who loved Mary

（メアリーを愛した男性）のような場合もやはり名詞句で，主語に
も目的語にもなれる。

　(1) における saw Mary や saw an old man についても同じこ
とが言える。これらは動詞を中心として構成されているもので動
詞句 (verb phrase: VP) と呼ばれる。Mary smiled.（メアリーが
ほほ笑んだ）の場合は，たまたま動詞 1 語であるが，この場合は
smiled だけで動詞句が構成されている自動詞の例である。一方，
saw an old man のような場合は，直接目的語をとる他動詞の例
になる。

　場所や経路を表す in the house や to the station についても同
様で，これらは前置詞を中心に構成された前置詞句 (preposition-
al phrase: PP) と呼ばれる。上で見た the arm of the chair は，
名詞の arm に冠詞と前置詞句がついた名詞句である。この他，
very happy（とても幸せな）や afraid of the dog（犬がこわい）のよ
うな形容詞句 (adjective phrase: AP) もある。

　以上のことからもわかるように，英語の文［節］は，これらの
句の組み合わせから成り立っている。4.5 節の中では，○○句と
いう用語が使われることがあるが，以上のようなことを指すもの
であることをあらかじめ押さえておいていただければと思う。

4.5. ヘレン・ケラーの英語の検証

4.5.1. pour と fill

pour（注ぐ）と fill（満たす）については，普通，(1) のように，pour は主語に動作をする主体，直接目的語に移動物（注がれるもの），前置詞として into をとるのに対し，fill は主語に動作をする主体，直接目的語に場所，前置詞として with をとる。

(1) a. He poured water into the glass.

  （彼は水をコップに注いだ）

 b. He filled the glass with water.

  （彼はコップを水でいっぱいにした）

以下のヘレン・ケラーの例でもその使い分けがなされている。⇒「追加説明と文献案内」

[A]

(a) Mr. Keith was here for three hours this afternoon, pouring a torrent of Latin and Greek into my poor bewildered brain. (*Letters*: 365: 19 歳)

  （キース先生は今日の午後に 3 時間ここにおいでになり，私のかわいそうなまごつく頭に，ラテン語とギリシャ語を次から次と注ぎ込みました）

(b) [A mocking-bird] sits on the twig of a tree, just be-

neath our window, and he fills the air with his glad
songs.　　　　　　　　　　　　　　　　(*Letters*: 304: 9 歳)

（マネシツグミがちょうど家の窓の下にある木の小枝に止まり，
あたり一面を楽しい歌でいっぱいにします）

(c)　[T]he continuous rain and dismalness of the weather
fills me with gloomy thoughts[.]　　(*Letters*: 332: 12 歳)

（降り続く雨とどんよりした天気のせいで，私は陰鬱な考えで
いっぱいになります）

4.5.2.　look と see

look と see については，次の（1）からもわかるように，行為
としての「見る」には look，認識としての「見る」には see が使
われる。

(1)　I must have looked at that a dozen times, but I never
saw it.　　　　　　　　　　　　　　(Jackendoff (1983: 150))

（私は何度もそれを見ていたはずなのに，気がつかなかった）

「百聞は一見にしかず」ということわざに対応する英語は，See-
ing is believing. であるが，ここでも look ではなく認識を伴う
see が使われている。ヘレン・ケラーも早い段階からこの使い分
けをしている。⇒「文献案内」

92

[B]

(a) Do you like to look out of your window, and see little
    stars?   (*Letters*: 300: 8 歳)

    （窓から外を眺めて小さな星を見たいですか）

4.5.3．climb と climb up

climb には他動詞用法と自動詞用法がある。(1) に見られるよ
うに，対象となる場所に関して，その頂上への到達に焦点をあて
る場合は他動詞用法，途中のプロセスに焦点をあてる場合は自動
詞用法になる。

(1) a. He climbed the mountain.（彼は山に登った）

    b. He climbed up the mountain.（彼は山を登った）

ヘレン・ケラーも二つの用法を使い分けている。

[C]

(a) I shall climb very high mountains in Norway and see
    much ice and snow[.]   (*Letters*: 298: 8 歳)
    （ノルウェイでとても高い山に登り，たくさんの氷と雪を見る
    でしょう）

(b) We climbed up to the head which will hold forty per-
    sons[.]   (*Letters*: 343: 14 歳)
    （私たちは, 40 人が入れる［自由の女神の］頭部まで登りました）

なお，自動詞用法においては，（2）のように下方移動を表すのに使われる場合がある。

(2) Bill climbed down the ladder.　(Jackendoff (1985: 275))
（ビルははしごを降りた）

ヘレン・ケラーの英語にも，以下のような例がある。

(c) "I see the train!" cried Mildred, and in another minute it would hve been upon us had we not climbed down on the crossbraces[.]"　(*Story*: 49)
（「汽車が見える！」とミルドレッドが叫んだ。次の瞬間，もし橋脚に降りていなかったら，私たちは汽車にひかれていたでしょう）

これらのことからも，英語の climb と日本語の「登る」は完全に対応するわけではないことがわかる。⇒「文献案内」

4.5.4.　enter と enter into

（1）は，enter と enter into を使った例である。

(1) a.　They entered the room.（彼らは部屋に入った）
b.　They entered into a discussion.（彼らは議論を始めた）

enter into についてはいわゆるイディオムとして習い，どのような場合に使われるかに関しては，あまり教わることはないかもし

れない。しかし，実際に英語を見ていると，enter into を使った
文もよく見かける。

enter と enter into については，概略，enter が境界通過，en-
ter into が何らかの関係に入ること，と考えてよいと思われる。
ここで言う「何らかの関係」とは，加入・開始・関与などの状況
を指している。[D] のヘレン・ケラーの例でも，ほぼこの線に
沿った使い分けが見られる。⇒「追加説明と文献案内」

[D]

(a) [W]hen she enters a store, she will go straight to the
showcases[.]   (*Letters*: 378: 20 歳)

(彼女［耳と目の不自由な少女］は店に入ると，まっすぐ陳列
棚のところに行きます)

(b) Beyond there is light, and music, and sweet compan-
ionship; but I may not enter.   (*Story*: 109)

(その向うには，光，音楽，それに楽しい交わりがありますが，
私は入れません)

(c) The thought of going to college took root in my heart
and became an earnest desire, which impelled me to
enter into competition for a degree with seeing and
hearing girls, in the face of the strong opposition of
many true and wise friends[.]   (*Story*: 71)

（大学に行くという考えは私の心の中に根付いて真剣な願望になっていて，多くの誠実で賢明な友達からの強い反対にあいながらも，私は目が見え耳が聞こえる女性と学位を目指して競争することになったのです）[2.14 節の最初の引用の後半部分と重複する]

(d)　This is a subject into which I should like to enter more fully[.]　　　　　　　　　　　　　　　(*Midstream*: 247)

（これは私がもっと十分に検討したい問題です）

(e)　[T]hey would lose the most precious opportunities of entering into the fuller, richer, freer life of seeing and hearing children.　　　　　　　　　　　(*Letters*: 376: 20 歳)

（彼ら[目と耳の不自由な子どもたち]は，目が見え耳が聞こえる子どもたちにある，より完全で豊かで自由な生活に加わるという最も貴重な機会を失うことになるかもしれない）

4.5.5.　動態構文

(1) の文はことわざとしてよく知られている。

(1)　A drowning man will catch at a straw.
　　（溺れる者は藁をもつかむ）

この英語の文では catch at（clutch at が使われる場合もある）により，意図した行為の未達成の状況が示されている。このような

表現は，一般に動能構文（connative construction）と呼ばれる。行為の「達成」と「未達成」の対比は，kick the door（ドアを蹴る）/kick at the door（ドアを蹴ろうとする）（村田（2005: 76））のような例にも見られる。

　以下のヘレン・ケラーの例でも，同様の違いを見ることができる。[E](a) では clutch at … のような動能構文が使われ，他動詞用法の [E](b) との間で使い分けがなされている。一般に，他動詞を使ったほうが目的語に対する影響性は強くなる。[E](b)では，「霜の王様」の剽窃がトラウマになっている様子がうかがえる。⇒「追加説明と文献案内」

　　[E]

　　(a)　I thrust out my hands to grasp some support, I clutched at the water and at the seaweed which the waves tossed in my face.　　　　　　　　(*Story*: 45)

　　　　（私は何か支えをつかもうと手を突き出し，水と，そして波が顔に投げ込んできた海藻をつかもうとしました）

　　(b)　[I]n the midst of a paragraph I was writing, I said to myself, "Suppose it should be found that all this was written by some one long ago!"　An impish fear clutched my hand, so that I could not write any more that day.　　　　　　　　　　　　　(*Story*: 63)

　　　　（書いているパラグラフの途中で，「もし，これがすべてずっと

前に誰かによって書かれたものであるということがわかってし
まったら！」と心の中で考えました。いたずらな恐怖が私の手
をつかんだため，その日はそれ以上は書くことができませんで
した）（some one は原文のまま）

4.5.6.　空所化

　空所化（gapping）は，and などで結ばれた等位節において，
最初の節の動詞（を含む）表現と後続の節の動詞（を含む）表現
が同じ場合，後続の節の表現を省略する規則である（久野・高見
(2013) など）。このような空所化は，たとえば (1)–(3) のような
例に見られる。(1) と (2) では，それぞれ a がもとの文，b が
空所化の適用を受けた文を表す。(1) では後続の節の動詞，(2)
では後続の節の主語と動詞，そして，(3) では後続の節の助動詞
と動詞が省略されている。(1b) と (2b) の ∅ は，省略された箇
所を示す説明のための記号である。

(1) a.　John likes Mary, and Tom likes Jane.
　　　　（ジョンはメアリーが好きで，トムはジェーンが好きだ）

　　 b.　John likes Mary, and Tom ∅ Jane.　（∅ = likes）

　　　　　　　　　　　　　　　　　　（久野・高見 (2013: 57)）

(2) a.　Mary gave Sally a nickel, and Mary gave Harvey a
　　　　dime.（メアリーはサリーに 5 セント硬貨をあげ，ハー
　　　　ヴィーに 10 セント硬貨をあげた）

b. Mary gave Sally a nickel, and ∅ Harvey a dime.

(∅ = Mary gave)

(同書 : 62)

(3) John can speak Japanese and Mary Chinese.

（ジョンは日本語が話せ，メアリーは中国語が話せる）

（畠山（編）（2011: 176)）

なお，(3) の文は，John can speak Japanese and Mary can speak Chinese. が空所化の適用を受けて John can speak Japanese and Mary ∅ Chinese.（∅ = can speak）となったものである。

ヘレン・ケラーもこの空所化を使っており，[F](a) では後続の節の主語と助動詞を含む I will buy が省略されている。⇒「文献案内」

[F]

(a) I will go to Boston in June and I will buy father gloves, and James nice collar, and Simpson cuffs.

(*Letters*: 288: 7 歳)

（私は 6 月にボストンに行くでしょう。そして，お父さんには手袋，ジェームスにはすてきなカラー［襟］，シンプソンにはカフスを買ってあげるでしょう）

4.5.7.　倒置

　英語において，動詞や助動詞が主語の前に置かれることは倒置
（inversion）と呼ばれる。倒置を引き起こす要因にはいろいろあ
るが（宮川・林（編）（2010）など），（1），（2）に見られるような否
定倒置（negative inversion）や場所句倒置（locative inversion）
はその例である。

　（1）　否定倒置

　　　a.　I have never seen such a beautiful woman.

　　　b.　Never have I seen such a beautiful woman.

　　　　（あんなに美しい女性はこれまで見たことがない）

　　　　　　　　　　　　　　　　　　　　（畠山（編）（2011: 156））

　（2）　場所句倒置

　　　a.　John came into the room.

　　　b.　Into the room came John.

　　　　（部屋にジョンが入って来た）　　　　　　　（同書：150）

それぞれ否定と場所を表す表現が文頭に来て倒置が起こり，（1b）
では否定要素が文全体を否定していること，（2b）では前置詞句
がいわば「舞台」の役目を果たしていること（畠山（編）（2011:
157, 150））が示されている。ヘレン・ケラーもこのような倒置を
使っている。

100

[G]

(a) Never have I found in the greenhouses of the North such heart-satisfying roses as the climbing roses of my southern home.   (*Story*: 14)

（私の南部の家のツルバラほど心を満足させるバラを北部の温室で見たことはありません）

(b) In the centre of the schoolroom stood a beautiful tree ablaze and shimmering in the soft light[.]   (*Story*: 40)

（教室の真ん中には，柔らかい光の中で輝いてちらちらするきれいなクリスマスツリーが立っていました）

(c) Into the tray of one's consciousness are tumbled thousands of scraps of experience.   (*Midstream*: 3)

（私たちの意識のお盆の中には，無数の経験の断片が放り込まれています）

[G](a) では，ツルバラの美しさを印象的に述べるために倒置を使ったのであろう。[G](b)，(c) では，それぞれ文頭の場所を畠山（編）（2011）の言う舞台に見立てて書いているようにも思える。[G](b) は，サリヴァンが赴任して以来，ヘレンにとっては初めてのクリスマスのことを書いたもので，タスカンビアの小学校に招待された際のうれしさが背景にあったようである。⇒「文献案内」

4.5.8.　移動表現

　英語における移動表現には，(1) に見られるようないくつかの
タイプがある。

　(1)　a.　John went to the station.（ジョンは駅へ行った）

　　　　b.　John ran to the station.（ジョンは駅へ走って行った）

　　　　c.　Bill belched his way out of the restaurant.

　　　　　　（ビルはげっぷをしながらレストランから出て行った）

　　　　　　　　　　　　　　　　　((1c) は Jackendoff (1990: 211))

　　　　d.　The bullet whistled by her.

　　　　　　（弾丸がヒューッと音を立てながら彼女の脇をかすめて通っ
　　　　　　た）

　　　　　　(Levin and Rappaport Hovav (以下，L&RH) (1990: 138))

(1a) は様態（manner）を伴わない移動動詞（verb of motion）を
使った表現，(1b) は移動様態動詞（verb of manner of motion）
を使った表現，(1c) は way 構文（*way*-construction）(4.5.9 節を
参照)，(1d) は音放出動詞（verb of sound emission）を使った表
現 (4.5.10 節を参照) である。

　ヘレン・ケラーは，(1) のようなタイプの文を含め，移動表現
については普通に使っており，例もたくさんあるが，ここでは
[H] に挙げた例について見ることにする。[H](a) では，本来は
浮かんでいる状態を表す float が，意味が拡張して，上で見た
(1b) のタイプの移動表現として使われている。[H](a) における

float の意味拡張（meaning extension）は，前置詞 into との共起が引き金になっていると考えられる。なお，[H](a) では，my words floated into a blankness における into が，関係代名詞 which とともに前に移動している。前置詞＋関係代名詞の移動については 4.5.18 節（前置詞残留と関係節）を参照。⇒「追加説明と文献案内」

[H]

(a) There were no life vibrations—no shuffling feet, no sound of applause, no odour of tobacco or cosmetics, only a blankness into which my words floated.

(*Midstream*: 215)

［ラジオで話す時］（生命の躍動感がありませんでした。足を引きずる音や拍手の音はなく，タバコや化粧品の匂いもなく，ただ私の言葉が浮かんで入って行く空白があるだけだけでした）

4.5.9. way 構文

way 構文については前の節で紹介的に触れたが，もう少し詳しく見ることにする。(1) はジャッケンドフが挙げている way 構文の例である。

(1) a. Bill belched his way out of the restaurant.

(＝4.5.8 節 (1c))

（ビルはげっぷをしながらレストランから出て行った）

b.　Harry moaned his way down the road.

（ハリーはうめきながら道を下って行った）

c.　Sam joked his way into the meeting.

（サムは冗談を言いながら会議の場へ入って行った）

(Jackendoff (1990: 211))

　ジャッケンドフは，way 構文に関して，動詞は継続的な過程を表すものであればほとんど何でもよく，前置詞句は，空間的，時間的，または比喩的に経路を表すものであれば何でもよいと述べている (Jackendoff (2002: 174))。

　ヘレン・ケラーも way 構文を使っている。彼女の場合は，目と耳が不自由なこともあり，動詞として，「手探りする」を意味する feel ([I](b)) や grope などを用いているのが特徴的である。

　なお，高見・久野 (2002: 99) は，「way 構文は，(i)（ありきたりのものではない）物理的，時間的あるいは心理的距離が存在し，(ii) 主語指示物が，普通ではない様態で，(iii) その距離全体を徐々に移動し，(iv) 動詞がその移動の様態を表す場合のみ，適格となる。」と述べている。⇒「追加説明と文献案内」

　[I]

(a)　My earliest distinct recollection of my father is making my way through great drifts of newspapers to his side and finding him alone, holding a sheet of paper before his face.　　　　　　　　　　　　　(*Story*: 21)

104

（父に関する最も古いはっきりとした記憶は，たまった新聞の間をかきわけて父の脇まで行ってみると，父が一人で顔の前に一枚の紙を広げていた様子です）

(b) I felt my way to the end of the garden, knowing that the mimosa tree was near the fence, at the turn of the path.　　　　　　　　　　　　　　　　(*Story*: 30)

（私は手探りで庭の端まで行きました。ミモザの木が道の曲がり角の，垣根の近くにあることを知っていたのです）

(c) One could have traveled round the world many times while I trudged my weary way through the labyrinthine mazes of grammars and dictionaries, or fell into those dreadful pitfalls called examinations, set by schools and colleges for the confusion of those who seek after knowledge.　　　　　　　(*Story*: 92)

（私が疲れながら重い足取りで文法と辞書の迷路を骨を折って進んだり，試験と呼ばれる，知識を求める者を混乱させるために学校や大学によって設けられた恐ろしい落とし穴にはまっている間に，人は何度も世界一周をすることができたでしょう）

4.5.10. 音放出動詞

　音放出動詞については，4.5.8節でレヴィンとラパポート・ホヴァブの例を挙げたが，同書には次のような対比も挙げられている。

(1) a.　The beautiful new Mercedes purred along the auto-
bahn.

（その美しく新しいメルセデスベンツは，静かなエンジン音
を立てながら高速道路を進んで行った）

b. *The cat purred down the street.（L&RH (1991: 138)）

(1) では，どちらも purr が使われているが，(1a) では，自動車
のエンジン音と結びつくことで移動を表現することができるのに
対し，(1b) では，猫が喉をごろごろさせても移動と結びつくわ
けではないため，非文法的になるというものである。なお，
Story の中に (2) のような文があって興味深い。(2) の文では，
purr は bark と同様，単に動物が出す音として使われている。

(2)　I was pleased with anything that made a noise and
liked to feel the cat purr and the dog bark.　(*Story*: 52)

（私は音を出すものなら何でもうれしくなり，猫が喉をごろご
ろさせたり，犬が吠えるのを触って感じるのがすきでした）

　目と耳が不自由なヘレン・ケラーも，以下の例のように音放出
動詞を使っている。その使用にあたっては，外界からの振動によ
る情報を触覚と嗅覚で補って，空間構造と概念構造の間のつなが
りを確立していたと考えられる。⇒「文献案内」

[J]

(a)　At the foot of the mountain there was a railroad, and

the children watched the trains whiz by.　　(*Story*: 49)

（山のふもとには鉄道があり，子どもたちが列車がピューッと音を立てて通り過ぎるのをじっと見ていました）

(b)　As the train rumbled by, the trestle shook and swayed until I thought we should be dashed to the chasm below.　　　　　　　　　　　　　　　　　　(*Story*: 49)

（列車がごうごう音を立てて通り過ぎる時，橋脚が揺れ動いたので，私たちは下の谷に振り落とされるのではないかと思うほどでした）

4.5.11.　there 構文

一般に，there 構文（*there*-construction）には，be 動詞を含め存在・出現を表す自動詞が使われる。(1) はそのような例である。

(1)　a.　There is a book on the desk.

（机の上に本がある）

b.　There once lived a wise king.

（むかし，賢明な王が住んでいた）

c.　There arose no problems.

（問題は何も持ち上がらなかった）

（(1b, c) は安藤（2008: 176; 日本語訳を含む)）

ヘレン・ケラーによる [K](a), (b) は (1b, c) と同様の例である。
be 動詞を使った there 構文は，ヘレン・ケラーの本の随所にみ
られる。⇒「文献案内」

　[K]

　(a)　Many years ago there lived in England many good
　　　 people[.]　　　　　　　　　　　　　　　　(*Letters*: 296: 8 歳)

　　　（何年も前，イギリスには多くのよい人々が住んでいました）

　(b)　… all at once there came a faint "puff, puff" from the
　　　 distance.　　　　　　　　　　　　　　　　　　(*Story*: 49)

　　　（突然，遠くから［汽車の］かすかな「ポッ，ポッ」という音が
　　　 聞こえてきました）

4.5.12.　受身文

　英語の受身文は，概略，本来の目的語が主語になって，その主
語に起こったことや主語の状態を述べる文である。(1) のような
文はその例である。

　(1) a.　He was bitten by the dog.

　　　　 （彼はその犬にかまれた）

　　 b.　He is loved by everyone.

　　　　 （彼は皆から愛されている）

しかし，受身文がどういう場合に可能でどういう場合は不可かと

いう細かな問題になってくると，必ずしもはっきりしない部分もあるのではないかと思われる。

久野・高見（2005）は，一例として以下のような文を挙げ，(2b) と (3b) の受身文の適格性の違いを説明している。(* はその文が不適格であることを示す。)

(2) a. A speeding car approached Mary.

（猛スピードで走っている車がメアリーのほうに近づいて来た）

b. *Mary was approached by a speeding car.

(3) a. Several fund raisers approached Mary for contributions.

（寄付金を集めている人が数人，寄付を募るためメアリーに近づいて来た）

b. Mary was approached for contributions by several fund raisers.

（久野・高見 (2005: 39)）

同じように「近づく」動作を表す文ではあるが，(2a) の場合は，単に距離が縮まったことを表すのに対し，(3a) の場合は，寄付に関してメアリーをターゲットにした動作を表している。このように目的語が動作のターゲットとして機能している場合は，(3b) のように受身文が可能になるというものである（同書：40-41）。

ヘレン・ケラーの書いた英語にも，(3b) と同じような状況を

表していると思われる受身文がある。[L](a) の場合は，電話を
発明したベルが握手という動作のターゲットになっていると考え
てよいであろう。

　[L]

　(a)　Wherever he went he was approached by people who
　　　wished to shake hands with the man who made the
　　　telephone. *(Midstream*: 122)

　　　（どこへ行っても，電話を発明した人と握手したいという人が
　　　彼［ベル］のところへ近づいて来ました）

ヘレン・ケラーの場合，いわゆる受身文は普通に使われていて随
所に見られる。⇒「文献案内」

4.5.13.　与格構文と二重目的語構文

　与格構文 (dative construction) と二重目的語構文 (double ob-
ject construction) については，(1) のようなペアを書き換えと
して習った方もいると思う。

　(1)　a.　John gave a book to Mary. ［与格構文］
　　　　　（ジョンはメアリーに本をあげた）
　　　b.　John gave Mary a book. ［二重目的語構文］

しかし，与格構文と二重目的語構文は，必ずしも同じ意味を表し
ているわけではなく，二重目的語構文の場合は，与格構文とは異

110

なり，間接目的語と直接目的語の間に所有関係が成立すると考えられている。(2) と (3) にはその違いを見ることができる ((3b)は非文法的)。

(2) a.　John sent a book to Mary.

　　　　（ジョンはメアリーに本を送った）

　　b.　John sent Mary a book.

(3) a.　John sent a book to New York.

　　　　（ジョンはニューヨークに本を送った）

　　b. *John sent New York a book.

同じように「本を送る」行為であるが，(2b) のような二重目的語構文の場合は，メアリーが本を受け取ったという含意を持つことが可能である。それに対し，単なる地名としての場所には所有関係が成立しない（受領者（recipient）になれない（安藤（2008:81））ため，(3b) のような二重目的語構文は非文法的になるというものである。

　ヘレン・ケラーも二つの構文を使っているが，以下の [M] の例に見られるように，彼女が早い段階から二重目的語構文を多用している点は興味深い。二重目的語構文については，サリヴァンもよく使っていたようなので，その影響も考えられる。与格構文については，目的語が代名詞である場合などに，[M](d), (e) のように使っている。

[M]

(a)　Father will buy me lovely new watch.

(*Letters*: 288: 7 歳)

（お父さんが私にかわいくて新しい時計を買ってくれるでしょう）

(b)　Will you please tell Harry to write me a very long letter soon?

(*Letters*: 294: 8 歳)

（ハリーに近いうちに私にとても長い手紙を書くように言ってくれませんか）

(c)　Yesterday I sent you a little Christmas box.

(*Letters*: 310: 9 歳)

（昨日あなた［お母さん］に小さなクリスマスの贈り物を送りました）

(d)　teacher will send it to you.

(*Letters*: 287: 7 歳)　(teacher は原文のまま)

（［サリヴァン］先生はそれ［写真］をあなた［アナグノス先生］に送るでしょう）

(e)　My brother Simpson gave it to me last Sunday.

(*Letters*: 299: 8 歳)

（兄のシンプソンは先週の日曜日にそれ［小鳩］を私にくれました）

　二重目的語構文に関しては，4.5.12 節で取り上げた受身文の
こともよく問題になる。たとえば，(4) のような文の受身文とし
ては，(5) のような三つの形が考えられる。(5) の受身文におい
ては by me は省略してある。

(4)　I gave Mary a book. (私はメアリーに本をあげた)

(5) a.　Mary was given a book.

　　 b.　A book was given to Mary.

　　 c.　A book was given Mary.

ヘレン・ケラーも，(6) のように三つの形を使っている点は興
味深い。なお，(5) におけるような受身文の文法性については，
いろいろと議論もある。この点については，文献案内を参照され
たい。⇒「追加説明と文献案内」

(6) a.　[I] was given a home in Wrentham by the public[.]

　　　　　　　　　　　　　　　　　　　　　(*Midstream*: 27)

　　　　(私は一般の人々からレンサムに住宅を贈ってもらいました)

　　 b.　I had many lovely presents given to me.

　　　　　　　　　　　　　　　　　　　　(*Letters*: 301: 8 歳)

　　　　(私はすてきな贈り物をたくさんもらいました)

　　 c.　Another time a beautiful shell was given me[.]

　　　　　　　　　　　　　　　　　　　　　　(*Story*: 37)

　　　　(別の時には，私はきれいな貝殻をもらいました)

4.5.14.　同族目的語構文

　本来の自動詞が，(1) に挙げた文のように，動詞と同じ形の名詞を目的語としてとるような構文は同族目的語構文 (cognate object construction) と呼ばれる。

(1) a.　He smiled a happy smile.（彼は幸せそうに微笑んだ）

　　　　　　　　　　　　　　　　　　　　（大室 (2018: 15)）

　　b.　Pete lived a happy life.

　　　　（ピートは幸福な生涯を送った）

　　c.　Cindy laughed a merry laugh.

　　　　（シンディーは楽しそうに笑った）

　　　　　　　　　　　　（(1b, c) は安藤 (2008: 52; 日本語訳を含む)）

　ヘレン・ケラーも，それほど数は多くはないがこの構文を使っている。一般的には，同族目的語には (1) のように不定冠詞が用いられるが，[N](b) は「後置修飾により要求されてくる定冠詞の the の用法」（大室 (2018: 39)）に当たるものと思われる。⇒「文献案内」

　　[N]

　(a)　They live a gay life, flitting from flower to flower, sipping the drops of honeydew, without a thought for the morrow. (*Letters*: 312: 9 歳)

　　　　（彼ら［蝶々］は，明日のことなど考えず，花から花へとひら

114

ひらと飛んで，甘い汁をすすりながら陽気に暮らしています）
（morrow は原文のまま）

(b) Up to the time of the "Frost King" episode, I had
lived the unconscious life of a little child; now my
thoughts were turned inward, and I beheld things in-
visible. (*Story*: 63-4)

（「霜の王様」事件までは，私は幼い子どものあの無意識な生活
を送っていましたが，今や私の心は中に向かい，目に見えない
ものを見るようになりました）

(c) Dr. Bell would smile his refulgent smile[.]

(*Midstream*: 116)

（ベル博士は独特のきらきらと輝く微笑を浮かべていました）

4.5.15.　動名詞

　動詞に -ing をつけて作られる表現は動名詞（gerund）と呼ば
れるが，動名詞には二つのタイプが考えられる（有村（他）（2009）
など）。一つは動詞的動名詞（verbal gerund），もう一つは名詞的
動名詞（nominal gerund）で，(2) はその例である。

(1) John drew a picture.（ジョンは絵を描いた）
(2) a. John's drawing a picture
　　　（ジョンが絵を描くこと）［動詞的動名詞］

  b. John's drawing of a picture

   （ジョンが絵を描くこと）［名詞的動名詞］

両者は，どちらも（1）の文に対応するものではあるが，文法的には以下のような違いがある。

〈動詞的動名詞の場合〉

（イ） 動詞的動名詞は文の内部構造を保持する節として機能する。したがって，（2a）の John's を冠詞で置き換えることはできないため，the drawing a picture とは言えない。

（ロ） （2a）における drawing は他動詞としての働きを保持しているため，a picture のような名詞句を直接目的語としてとることができる。

（ハ） 修飾語として副詞を伴って，John's drawing a picture rapidly（ジョンがすばやく絵を描くこと）のように表現することができる。名詞的動名詞とは異なり，形容詞をつけることはできない。

（ニ） 完了を表す have をとって，John's having drawn a picture（ジョンが絵を描いたこと）のように表現することができる。

〈名詞的動名詞の場合〉

（イ） 名詞的動名詞は名詞としての性格が強いため，（2b）に

おける John's を冠詞で置き換えることができ，the drawing of a picture のように言うことができる。

(ロ)　drawing の名詞性が強いため，a picture のような目的語をとるためには，対象を表す前置詞の of が必要になる。

(ハ)　修飾語としては，副詞ではなく形容詞がついて，John's rapid drawing of a picture（ジョンのすばやい絵の描き方）のような表現になる。

(ニ)　完了を表す have をとることはできない。

ヘレン・ケラーの英語にも二つの用法が見られる。[O](a), (b) は動詞的動名詞，[O](c), (d) は名詞的動名詞にあたる。[O](a) は動詞的動名詞であるため，知覚動詞の表現をそのまま従えている。動詞的動名詞は随所に見られる。⇒「文献案内」

[O]

(a)　I think you would enjoy hearing the mocking-birds sing. （*Letters*: 304: 18 歳）

（マネシツグミが歌うのを聞いて楽しんでいただけると思います）

(b)　I have had a letter from Mrs. Thaw with regard to the possibility of doing something for these children.

（*Letters*: 381: 20 歳）

（私はソー夫人から，これらの子どもたちのために何かをする

可能性に関してお手紙をいただきました）

(c)　[T]he continuous rain and dismalness of the weather fills me with gloomy thoughts and makes the writing of letters, or any pleasant employment, seem quite impossible.　　　　　　　　　　　(*Letters*: 332–333: 12 歳)

（降り続く雨とどんよりした天気のせいで，私は陰鬱な考えでいっぱいになり，手紙を書くことや楽しいことをしようという気にはなりそうもありません）（前半の部分は [A](c) と重複する。）

(d)　His books have given me a richer understanding of the Bible[.]　　　　　　　　　　　　　　　(*Midstream*: 313)

（彼［スウェーデンボルグ］の本から私は聖書のより深い理解の仕方を教わりました）

4.5.16.　派生名詞

　動詞から派生した名詞は派生名詞（derived nominal）と呼ばれる。(1b) は (1a) に対応する名詞句で，動詞 refuse から派生した refusal を含んでいる。

(1)　a.　Mary refused my offer.

　　　　（メアリーは私の申し出を断った）

　　b.　Mary's refusal of my offer

118

（メアリーによる私の申し出の拒絶）

派生名詞を含む名詞句は，4.5.15 節で見た名詞的動名詞と文法的に類似している。派生名詞は完全な名詞になっているため，冠詞や形容詞をつけて，the refusal of my offer（私の申し出の拒絶）やMary's flat refusal of my offer（メアリーによる私の申し出のきっぱりした拒絶）のようにすることができる。派生名詞と目的語の間には，通例対象を表す前置詞 of が入るが，動詞によっては of 以外の前置詞をとることもある。たとえば, annoyance at … は，いわゆる心理動詞（psychological verb）を用いた I was annoyed at …（… にいらいらする）のような文に対応して前置詞の at をとる。

　ヘレン・ケラーの英語にも派生名詞はよく出てくる。以下の例では，前置詞は of だけでなく他の前置詞も見られる。

　[P]

　(a)　[I] wish to tell here a sad experience she had soon after our arrival in Boston.　　　　　　　　(*Story*: 42)
　　　（ここでボストン到着後すぐに彼女［人形：ナンシー］に起こった悲しい経験についてお話したいと思います）

　(b)　When the story was finished, I read it to my teacher, and I recall now vividly the pleasure I felt in the more beautiful passages, and my annoyance at being interrupted to have the pronunciation of a word corrected.

(*Story*: 56)

（物語［「霜の王様」］を書き終えると，私はそれを先生に読ん
で聞いてもらいましたが，より美しい文章が書けたことで感じ
た喜びと，語の発音の仕方を直されるために中断されることに
いらいらしたことを今でもはっきりと覚えています）

(c) I also gave considerable time to the improvement of
my speech.
(*Story*: 67)

（私はまた話し方の上達にもかなりの時間を割きました）

(d) The struggle for admission to college was ended[.]

(*Story*: 81)

（大学入学のための苦闘は終わりました）

　以上の例のほか，with a vague remembrance of the meaning
of the gesture (*Story*: 17)（そのしぐさ［手を振ること］の意味をぼん
やりと記憶していて），my preparation for college (*Story*: 79)（私
の大学入学への準備）など，派生名詞は随所に見られる。⇒「文献
案内」

4.5.17.　使役・経験の have

　読者の中には，(1) のような文を習ったことを覚えている方も
いると思う。

    (1)   I had my hair cut.

         （私は髪を刈ってもらった）

しかし，(1) の文については，どちらかというと，そのまま覚えたという言い方が当てはまるのではないだろうか。実は，話はもう少し複雑で，have を使った表現には三つの解釈が可能である。(2) はその例である。

    (2) a. John had his house remodeled last month.

            （ジョンは先月，家を改装させた／リフォームした）

        b. I had my fingers caught in the train doors.

            （私は電車のドアに指をはさまれた）

        c. Mary had her article accepted by a high quality journal.（メアリーは，論文をレベルの高いジャーナルに受理してもらった／受理された）

                       （高見 (2011: 171; 日本語訳を含む)）

そして，この表現にはもう一つ興味深い点がある。それは，(2) の文では have のあとは過去分詞であったが，(3) のように動詞の原形を使っても，やはり三つの解釈が可能になる。

    (3) a. The teacher had his students read three books.

            （先生は学生たちに 3 冊の本を読ませた）

        b. I had someone pick my pocket on a jam-packed train yesterday.（私は，昨日満員電車の中で誰かにすられ

た）

c. I had a total stranger show me the way to the post
office.（私は見ず知らずの人に郵便局へ行く道を教えても
らった）

（久野・高見 (2007: 219-220)）

使役・経験の have については，have の後に動詞の原形が来
る場合と過去分詞が来る場合があるが，どちらの場合について
も，「させる」,「される」,「してもらう」のような三つの解釈が
ある。この表現については，主語が「使役」,「被害・迷惑」,「利
益・恩恵」のいずれかを，状況に応じて「持つ (have)」（高見
(2011: 173)）と考えるとわかりやすい。

ヘレン・ケラーの場合も，この区別が普通になされていて，
[Q](a), (b) は「させる」, [Q](c), (d) は「される」, [Q](e), (f)
は「してもらう」,に分類できる。使役・経験の have は，ヘレ
ン・ケラーの本の中では結構よく使われている。

[Q]

(a) His parents are too poor to pay to have the little fel-
low sent to school[.]　　　　　　　　　(*Letters*: 323: 11 歳)
（彼の両親はあまりに貧しいため，子どもを学校に通わせるお
金を払うことができません）

(b) Miss Sullivan had a balcony built for me which

122

opened out of my bedroom so that I could walk when-
ever I wanted to. (*Midstream*: 29)

(サリヴァン先生は，私が気が向いた時にいつでも歩けるよう
に，寝室から通じるバルコニーを私のために作らせました)

(c) [T]he king did not like to have the people disobey
him. (*Letters*: 296: 8 歳)

(王様は国民にそむかれるのがいやでした)

(d) I did not like to have any one kiss me except my
mother. (*Story*: 31)

(私は母以外の人にキスされるのはいやでした) (any one は原
文のまま)

(e) Mildred and I had our pictures taken while we were in
Huntsville. (*Letters*: 302: 9 歳)

(ミルドレッドと私は，ハンツヴィルにいる間に写真を撮って
もらいました)

(f) I do wish, Mrs. Hutton, you would try to persuade
Teacher to take a rest, and have her eyes treated.

(*Letters*: 364: 19 歳)

(ハットン様，あなた様に是非，休息して目を治療してもらう
よう先生を説得してみていただきたいのです)

　ここまで, 4.5.15 節の動名詞, 4.5.16 節の派生名詞, そして本節の使役・経験の have を見てきたが, 最後にまとめとして, これら 3 つの表現がすべて含まれている例を挙げることにする。以下の例の中の it は, 2.9 節でみた「霜の王様」のことを指している。

(4)　Some one asked me if I had read it in a book.　This
　　　question surprised me very much; for I had not the
　　　faintest recollection of having had it read to me.

(Story: 56)

　　　（それ［「霜の王様」］を本で読んでいたのかどうか尋ねる人が
　　　いました。この質問には大変驚きました。なぜなら, それを誰
　　　かに読んでもらったなどという記憶は少しもなかったからで
　　　す）（Some one は原文のまま）

for 以下の文は次のような構造になっている。have の直接目的語としての派生名詞 recollection には, 冠詞 the と形容詞 faintest がつき, その目的語として of を介して動名詞（ここでは動詞的動名詞）をとっている。動名詞は, for 以下の主語の I と同じになるため主語にあたる my が削除され, 完了の have に ing がついている。そして, 動名詞の中の had は使役・経験の have の過去分詞で, had it read はここでは「読んでもらう」の意味を表している。⇒「文献案内」

4.5.18. 前置詞残留と関係節

　英語では，たとえば関係節が形成される際，（1）のように前置詞が本来の位置に残る場合がある。

(1)　This is the house which he lives in.
　　　（これは彼が住んでいる家です）

（1）のような表現は前置詞残留（preposition stranding）と呼ばれ，次のような場合にも見られる。

(2)　関係代名詞が省略される場合
　　　This is the house he lives in.

(3)　関係節が that で導かれる場合
　　　This is the house that he lives in.

(4)　形容詞用法の不定詞の場合
　　　the house to live in

(5)　疑問文の場合
　　　What are you looking for?（何を探しているのですか）

なお，関係節に関しては，（1），（2），（3）のほかに，（6）のように前置詞が関係代名詞とともに節の初めに移動する場合がある。

(6)　This is the house in which he lives.

（1），（2），（3）と（6）はそれぞれ同じ意味（「これは彼が住んでいる家です」）を表すが，文体的に見ると，（6）は文語的で，前置

詞が残留する形は口語的である。石橋（他）（編）（1996: 918）
には「現代英語，とくに口語では，後置が普通な表現であると
言って過言はないでしょう。」と書かれている（後置は残留のこ
とを表す）。

　ヘレン・ケラーの場合はどうであろうか。以下は，関係節に関
連してのヘレン・ケラーからの引用である。

　　[R]

　　(a)　I remember the eagerness with which I made discover-
　　　　ies about them.　　　　　　　　　　　　　　(*Story*: 38)
　　　　（私は，それら［おたまじゃくし］についていろいろ発見する
　　　　ことに熱心だったことを思い出します）

　　(b)　I am frequently asked how I overcome the peculiar
　　　　conditions under which I work in college.　　(*Story*: 82)
　　　　（私は，大学で勉強する際の特殊な状況をどのように克服して
　　　　いるのですかとよく聞かれます）

　　(c)　If I happen to be all alone and in an idle mood, I play
　　　　a game of solitaire, of which I am very fond.

　　　　　　　　　　　　　　　　　　　　　　　　　(*Story*: 103)

　　　　（たまたまたった一人で，これといった目的がない気分の時は，
　　　　ソリティア［トランプの一人遊び］をします。私はそれが大好
　　　　きなのです）

(d) Sometimes I feel sure that I catch a faint glimpse of the goal I am striving for[.] (*Letters*: 350: 16 歳)

（時々私は，自分が求めて努力している目標がかすかに見えるのを確信します）

(e) [I] felt more and more the delight of the world I was in. (*Story*: 29)

（私はますます自分のいる世界の楽しさを感じるようになりました）

(f) Colonel Roosevelt was there, on Harvard's side; but bless you, he wore a white sweater, and no crimson that we know of! (*Letters*: 372: 20 歳)

（ローズヴェルト大佐はハーバード側にいて，おやおや，私たちの知っている深紅色ではなく，白いセーターを着ていました！）

　ヘレン・ケラーも，[R] の例が示すように，前置詞が残留する場合としない場合の表現を使っているが，関係代名詞が省略されない場合は，「前置詞＋関係代名詞」の形が用いられている（関係節が that で導かれる場合は，(3) や [R](f) のように，前置詞が残留する形になる）。このように「前置詞＋関係代名詞」が用いられる理由としては二つ考えられる。一つは，サリヴァンも (6) のような形の表現を使っているため，その影響があったのではないかということである。2.6 節「模倣」の最後にサリヴァン

の手紙からの引用があるが，その中で words and images with which she was familiar という表現が使われている。また，2.10 節の引用にも，the readiness with which she comprehended という表現が見られる。もう一つは，本の影響である。すでに見てきたように，ヘレン・ケラーは，むさぼるように読書をしたが，そのことからくる影響も十分考えられよう。

　なお，[R](c) では a game of solitaire, of which I am very fond という形をみたが，メイシーが書いた "Helen Keller as She Really Is"（「ありのままのヘレン・ケラー」）（Norton 版の付録に抜粋として掲載）の中に，Stevenson, of whom Miss Sullivan happens to be very fond ...（Norton 版 : 393）（スティヴンソンは，サリヴァンがたまたま大好きで）という表現があり，[R](c) との類似性が興味深い。また，4.5.4 節の [D](d) の文 This is a subject into which I should like to enter more fully[.] も前置詞＋関係代名詞の例になる。この他，第2章で挙げたヘレン・ケラーの英語の引用の中にも，前置詞＋関係代名詞の形をいくつか見ることができる。いずれにしても，[R](a)–(c) や [D](d) のような表現は，ヘレン・ケラーの英語を検証する際には注目してよいものであろう。⇒「追加説明と文献案内」

4.5.19.　描写構文

　描写構文（depictive construction）については，4.2 節の構文の説明で少し触れた。描写構文は，行為に際して，主語や目的語

がどのような状態にあるかを表す文である。(1) は描写構文の例である。

(1) a. He ate the meat nude.（彼は肉を裸で食べた）

　　b. He ate the meat raw.（彼は肉を生で食べた）

(1) における nude や raw は描写述語 (depictive predicate) と呼ばれ，(1a) では nude が主語の状態を表し，(1b) では raw が直接目的語の状態を表す。これらの形容詞は随意的 (optional) で，削除しても文自体は成立する。

　なお，(1) のような描写構文で，主語と目的語の状態を示す形容詞が共起することがある。その場合は順番が決まっており，(2) のように，主語の状態を表す形容詞が後（外側）にくる。

(2) He ate the meat raw nude.（彼は裸で肉を生で食べた）

　ヘレン・ケラーの英語にもこのような描写構文が使われている。描写述語は主語か目的語のどちらかの状態を表すが，ヘレン・ケラーの場合は，主語の状態を表す場合がほとんどで，形容詞は主語と曖昧性なく関係づけられている。描写述語は，主語の状態を表す場合は，文頭に現れることもあるが，[S](b) はその例になる。⇒「追加説明と文献案内」

　[S]

(a) I left the well-house eager to learn. 　　　　(*Story*: 28)

　（私は学びたくてたまらない気持ちになって井戸小屋を後にし
　ました）

(b)　At last, cold, hungry and weary, we reached our pier.

(*Story*: 100)

　（ついに，寒く空腹で疲れた状態で私たちは桟橋に着きました）

(c)　The next morming my teacher awoke very ill.

(*Midstream*: 146–147)

　（次の朝目が覚めた時，先生はひどくおかげんが悪かったので
　す）

4.5.20.　結果構文

　結果構文（resultative construction）については，4.2 節の構文
の説明の際に，描写構文との比較で少し触れた。結果構文は，基
本的には，主語の行為によって直接目的語が影響を受け，その結
果として起こる状態変化を表す文である。

　結果構文では，(1) のように，結果状態を表す表現（結果述語
(resultative predicate) と呼ばれる）には，形容詞ばかりでなく
前置詞句も用いられる。

(1) a.　He wiped the table clean.

　　　（彼はテーブルを拭いてきれいにした）

b.　He broke the base into pieces.

（彼は花瓶を壊して粉々にした）

（1）のような結果構文では，描写構文と同様，clean や into pieces のような結果を表す表現を削除しても，文自体は成立する。

　（1）は他動詞を用いた結果構文であるが，自動詞も結果構文に用いることができる。（2）はその例である。

> (2) a.　He shouted himself hoarse.（彼は叫んで喉がかれた）
>
> 　　b.　The river froze solid.（川がカチカチに凍った）

（1）の他動詞の場合とは，少し様子が変わっていることにお気づきのことと思う。結果構文は，直接目的語の状態変化を述べる文であると上で書いたが，同じようなことが自動詞の結果構文についてもあてはまる。

　まず，（2a）から見てゆこう。（2a）では，himself が使われているが，この再帰代名詞は構文から要請されたものと考えるとわかりやすい。他動詞の結果構文が直接目的語の状態変化を表すものであるとすると，自動詞を使った場合でも，直接目的語にあたるようなものが状態変化を受けるという構図は同じなのである。したがって，（2a）の場合には，直接目的語にあたるような再帰代名詞（疑似再帰代名詞（fake reflexive）と呼ばれる）がつくと考えることになる。なお，（2a）では，himself, hoarse のどちらか一方を削除すると，（3）のように非文法的になる。

> (3) a.　*He shouted hoarse.

　　b. *He shouted himself.

　問題は（2b）であるが，こちらには再帰代名詞はついていない。
この違いは自動詞の性質の違いからくると考えられる。同じよう
に自動詞とはいっても，shout の場合は人間の意図的な行為を表
すのに対し，freeze は自然現象として川が凍った状態になるこ
とを表している。freeze の場合は，凍る対象となるものが主語
になっていることになるが，この点が自動詞の二つの結果構文の
違いに関係していると考えられる。つまり，shout のような場合
は，叫ぶことによって影響を受ける直接目的語のような再帰代名
詞をとるのに対し，freeze の場合は，本来の直接目的語にあた
るようなものが主語になっているということである。（（2b）の
solid は削除しても，文としては成立する。）このように考えると，
他動詞，自動詞どちらについても，結果構文が存在することがお
わかりいただけるのではないかと思う。

　以上のことを踏まえて，ヘレン・ケラーの英語における結果構
文について見ることにする。ヘレン・ケラーの場合，今まで見て
きた例と同じように，動詞については自動詞と他動詞，状態変化
を表す表現としては形容詞と前置詞句が使われ，自動詞には再帰
代名詞がつく場合とつかない場合がある。なお，[T]（a），（b）の
to sleep は不定詞ではなく，前置詞 to に名詞の sleep がついた
前置詞句である。

[T]

(a) I do rock nancy to sleep. (*Letters*: 287: 7 歳)

（私はナンシー［人形］を揺り動かして寝かしつけます）（nancy の小文字の n は原文のまま）

(b) Perhaps the mocking bird is singing them to sleep.

(*Letters*: 305: 9 歳)

（おそらくマネシツグミが歌を歌って，彼ら［人形］を眠りにつかせています）

(c) The leaves froze into emeralds. (*World*: 144)

（葉は凍ってエメラルドになりました）［(c)，(d) は，北極から襲ってくる冬に関する夢の話の中に出てくる文である］

(d) I shivered myself awake[.] (*World*: 145)

（私は体をぶるぶる震わせて目が覚めました）

(e) The wagon caught on a stone post and was smashed to kindling. (*Midstream*: 42)

（荷馬車は石柱にひっかかて木っ端みじんになりました）

[T](b) の sing NP to sleep は結果構文の例としてよく引き合いに出されるものであるが，ヘレン・ケラーの場合は，この文を含め，結果述語としては前置詞句がよく使われる。前置詞句のほうが，結果状態をはっきり示せるということがあるのかもしれな

い。[T](b) は，自動詞用法の sing が直接目的語のような them
をとって，結果構文として使われている。同じような例は，The
dog barked the baby awake.（犬が吠えて赤ん坊が目をさました）に
おける自動詞の bark にも見ることができる。[T](a) は他動詞の
場合である。

[T](c) は (2b) と同じように，本来の直接目的語にあたるのよ
うな the leaves が主語になり，その状態変化を表している。ま
た，[T](d) では，(2a) と同様，再帰代名詞を伴って主語の状態
変化を表している。一方，[T](e) は，受身文により直接目的語
が主語になっている例で，他動詞を使った結果構文である。

以上，結果構文について見てきた。特に自動詞が用いられた場
合には，二つの異なるタイプがあり，難しいと感じられる点もあ
るかと思われるが，言語が示す興味深い一面であるとも言えるの
ではないだろうか。⇒「追加説明と文献案内」

4.5.21. 結果を表す until / till 節

結果構文との関連で気になる表現がある。それは，ヘレン・ケ
ラーの本の中によく出てくる，行為の結果を表す until / till 節で
ある。以下は，ヘレン・ケラーの英語からの例である。

[U]

(a) Mr. Clemens told us many entertaining stories, and
made us laugh till we cried. (*Letters*: 345: 14 歳)

（クレメンス氏［Mark Twain］は，たくさんの面白いお話をしてくださったので，私たちは涙が出るほど笑いました）（この文では till が使われている。）

(b) Cities have burned before my eyes, and I have fought the flames until I fell exhausted. (*World*: 143)

（［夢の中で］都市は私の目の前で焼け，私はずっと炎と格闘したので，とうとうへとへとになって倒れました）

　ヘレン・ケラーが書いたものの中には，以上のように結果を表す表現の他，But Miss Sullivan did not arrive until the following March. (*Story*: 24)（しかし，サリヴァン先生が到着したのは翌年の3月になってからでした）のように，時の境界などを示すために until が使われている。ヘレン・ケラーが，なぜ until を多用したのかということは，私にとって謎であった。

　実は，サリヴァンの手紙・報告書の中でも until がよく使われている。以下はその例である。

[V]

(a) I forced her into a chair and held her there until I was nearly exhausted. (Sullivan: 139)

（私は無理やり彼女［ヘレン］を椅子に座らせ，彼女をそこに抑えていたのでほとんどへとへとになりました）

(b) We laughed until we cried[.] (Sullivan: 184)

（私たちは涙が出るほど笑いました）

このような結果を表す用い方のほか，ヘレン・ケラーと同様，い
ろいろな形で until が多用されている。上で挙げた [V](a)，(b)
は，それぞれ1887年3月と1888年5月の手紙の中に見られる
文である。ヘレン・ケラーが英語を習得する重要な時期に書かれ
たものであることを考えると，until の多用については，サリヴァ
ンの影響があったのかもしれないと思えてくる。

　そして，大変興味深いことに，1887年3月の報告書では，次
のような結果構文を使った文が書かれている。

(c)　She was greatly excited at first, and kicked and
　　screamed herself into a sort of stupor[.]　(Sullivan: 144)
　　（彼女［ヘレン］は初め非常に興奮していて，けったり大声で
　　叫んだりしたためにぼうっとなっていました）

[V](c) の文について興味を引く点は，その後半の部分が *Story*
の中の次の文と似ていることである。（ただし，二つの文が表し
ているヘレン・ケラーの状況は異なる。）

[U]　（ヘレン・ケラーの例文の続き）

(d)　This made me so angry at times that I kicked and
　　screamed until I was exhausted.　　　　(*Story*: 18)
　　（このこと［他の人と同じように口を使って話すことができな
　　いこと］では時折とても腹が立ち，蹴ったり大声で叫んだりし

136

　　たためにへとへとになりました）

[U]（d）では，ヘレン・ケラーは，なぜ結果構文ではなく until
を使ったのであろうか。一つ考えられることとしては，until を
使った文のほうが，曖昧性なく結果状態を示せるということがあ
る。結果構文については，場合によっては描写構文との間で曖昧
性が生じることもありうる（影山（編）（2009: 284））。一方，until
を使えば，結果状態が言及するものが，主語なのか，目的語なの
かについて，曖昧性なく確実に示すことができると考えられる。
（もちろん，[V]（c）の場合はそのような曖昧性が生じる余地はな
い。）

　ここまで，英語の代表的な表現や構文を通して，ヘレン・ケ
ラーの英語について見てきた。以上から言えることは，ヘレン・
ケラーの英語は，普通の英語のネイティブの人のものと全く変わ
らないということである。改めて人間に生得的に備わっていると
思われる言語能力の働きに驚かされる。

　不定詞や分詞構文については，随所で普通に用いられているた
め，特に取りあげることはしなかったが，最後に for を伴う不定
詞を使った文を挙げておくことにする。

　　It would have been difficult to find a happier child than I
　　was as I lay in my crib at the close of that eventful day
　　and lived over the joys it had brought me, and for the first
　　time longed for a new day to come.　　　　　　（*Story*: 28）

（多彩な1日も終わり，ベッドに入って，その日が私にもたらした
喜びを思い出し，初めて新しい日が来ることを待ち焦がれた，そ
の時の私ほど幸せな子どもを見つけることは難しかったのではな
いでしょうか）

すべてのものには名前があることを学んだ井戸小屋の出来事が
あった日のことを記した文であるが，longed for a new day to
come からはヘレンの喜びの気持ちが伝わってくる。

　なお，ヘレン・ケラーの英語について考える場合，以下の点を
忘れてはならないであろう。メイシーは，サリヴァンとヘレン・
ケラーの英語について次のように書いている

> If Miss Sullivan wrote fine English, the beauty of Helen
> Keller's style would, in part, be explicable at once. But
> the extracts from Miss Sullivan's letters and from her re-
> ports, although they are clear and accurate, have not the
> beauty which distinguishes Miss Keller's English.
>
> (Macy: 249)

（もしサリヴァン女史が見事な英語を書いているとすれば，ヘレ
ン・ケラーの文体の美しさはある程度すぐに説明がつくであろう。
しかし，サリヴァン女史の手紙や報告書からの抜粋は，明快で正
確ではあるが，ケラー女史の英語の特徴である美しさは備えてい
ないのである）

ヘレン・ケラーの書く英語表現の正確さは，サリヴァンの影響を多分に受けていたと考えてもよいのかもしれない。ただ，ヘレン・ケラーは，正確さだけでは終わらず，美しい英語を自分で築き上げ，それを特徴としたということである。⇒「文献案内」

4.6.　さらに読み進めるために：追加説明と文献案内

4.5 節の文法的な説明で残った部分がある場合は，以下で追加説明を行う。文献案内については，基本的に入手しやすく，あまり専門的にならない日本語で書かれた文献を示すようにしてある。英語で書かれたものを含め，さらに次の段階に進んでみたい方は，それぞれの本についている参考文献を参照していただければと思っている。

〈4.5.1 節：pour と fill〉

2.12 節で挙げた〈サリヴァン赴任後：言葉を学ぶようになってから〉の引用箇所には，（2）のように fill が自動詞として用いられている文も見られる（例文番号と記号は，それぞれの表現・構文について，4.5 節からの通し番号・記号を表す）。

(d)　Then my eyes filled with tears[.]　　　　　(*Story*: 28)

（それで，私の目は涙でいっぱいになりました）（57 頁の引用の一部と重複する）

なお，(1) の場合は二つの動詞であるが，(2) のように，一つの動詞でも同様の差異を示す場合がある。

(2) a.　He smeared paint on the wall.

（彼は壁にペンキを塗った）

b.　He smeared the wall with paint.

（彼は壁をペンキで塗った）

(2) に見られるような現象は，「壁塗り交替 (spray paint alternation)」や「場所格交替 (locative alternation)」と呼ばれる。関連した事項を含め，影山（編）(2001: 第4章) や澤田（編）(2012) にわかりやすい説明がある。その他，瀬戸（他）（編）(2007) も参考になる。

〈4.5.2節：look と see〉

look と see それに watch を加えた三つの動詞の関係については中右 (1994) が参考になる。瀬戸（他）（編）(2007) にもこれら三つの動詞に関する記述がある。

〈4.5.3節：climb と climb up〉

climb については，Jackendoff (1985) の分析をわかりやすくまとめたものが米山・加賀 (2001) の 3.1.4 節にある。瀬戸（他）（編）(2007) も参考になる。なお，日本語の「アガル」と「ノボル」に関しては，興味深い分析が柴田（他）(1976) にある。

〈4.5.4 節： enter と enter into〉

enter はフランス語からの借入語である。フランス語の entrer は日本語の「入る」と同じように自動詞であるが，借入の段階で英語には他動詞として入っている。この点および関連した問題については，米山（2009）が参考になる。また，enter の意味・用法については，田中・松本（1997）の 3.2.3 節にわかりやすい説明がある。その他，瀬戸（他）（編）（2007）も参考になる。

〈4.5.5 節： 動能構文〉

Ikegami（池上）（1985: 279）は，(1) のことわざの日本語訳に「つかむ」という他動詞が使われていることに触れ，日本語の動詞は英語の動詞に比べて行為の結果に対する指向性が弱いことを指摘している。次の (2) は，そのような差を示す一例である。(Ikegami（1985）は英語で書かれた論文であるが，(2b) については日本語の表記にしてある。* はこの文が容認不可能であることを示す。)

(2) a. *I burned it, but it didn't burn.

　　　b.　燃やしたけれど，燃えなかった。

(Ikegami (1985: 273))

(2a) の場合は，I burned it によって燃えたことが含意されているため，それを否定すると矛盾することになるが，日本語の場合は，(2b) のように他動詞の「燃やす」を使っても文が成立する

というものである。

　動能構文については，Ikegami（1985）や村田（2005）に，例文とともに，動能構文に生じる動詞と生じない動詞の区別についての説明がある。(2)に関連した日本語と英語の差異については，池上（1991）（1995年に文庫本として出版）の「II-6：〈行為〉中心と〈結果〉中心」や池上（1981）の中の「〈する〉的な言語と〈なる〉的な言語」の章が参考になる。

〈4.5.6節：空所化〉

　空所化および関連した省略表現については，久野・高見（2013）や畠山（編）（2011）にわかりやすい説明がある。中村・金子（編）（2000）も参考になる。なお，久野・高見（2013）では，「穴あけ規則」という用語が使われている。

〈4.5.7節：倒置〉

　倒置に関しては，久野・高見（2007, 2013），畠山（編）（2011），安井（編）（1987），宮川・林（編）（2010）などが参考になる。

〈4.5.8節：移動表現〉

　意味拡張は動詞が形を変えずに新しい意味を持つことで，英語の特徴の一つである。[H](a)で触れたfloatについてもう少し見ることにする。

(2) a. The bottle floated on the water.

（瓶が水に浮かんでいた）

b. The bottle floated into the cave.

（瓶が水に浮かんで，洞穴の中に入って行った）

c. Dora floated the box into the harbor.

（ドーラは箱を水に浮かべて，港の中に流し込んだ）

((2b, c) は Levin and Rapoport (1988: 277))

(2) の例からは，本来「浮かぶ」という状態を表す float が移動動詞 (2b)，使役的に用いられる他動詞 (2c) として拡張している様子が見てとれる。なお，意味が拡張した場合は，日本語では一つの文で対応させることができなくなるため，「～して～した」のような表現や複合動詞を使うことになる。

移動表現とそれに関連したヘレン・ケラーの英語および意味拡張については，米山 (2001, 2009) を参照。移動と経路については，影山（編）(2001, 2011) が参考になる。移動表現一般については，大室 (2017) も参考になる。

なお，最近では，Goldberg and Jackendoff (2004) をはじめとして，移動表現を結果構文の一部として考える分析が見られるようになっている。

〈4.5.9 節：way 構文〉

[I](c) では way の前に形容詞 weary が入っているが，このよ

うな形容詞による修飾ついては，ジャッケンドフが（2）のような例を挙げて触れている。

(2)　Bill belched his miserable way out of the restaurant.

(Jackendoff（1990: 217）)

（ビルはみじめにげっぷをしながらレストランから出て行った）

ジャッケンドフは，この種の形容詞は様態副詞のようなものとして機能していると述べている。way 構文については，高見・久野（2002），大室（2018）に詳しい分析がある。ヘレン・ケラーにおける way 構文については米山（2009）を参照。

〈4.5.10 節：音放出動詞〉

　音放出動詞に関しては，移動表現について書いている文献を参照されたい。

〈4.5.11 節：there 構文〉

　there 構文については，高見・久野（2002: 第 1 章）に詳しい説明がある。安藤（2008: 171–182）も参考になる。

〈4.5.12 節：受身文〉

　受身文については，自動詞＋前置詞を使った受身文をはじめとして，この他にもいろいろと興味深い問題がある。高見（2011），高見・久野（2002），久野・高見（2005）には詳しい説明があり

役に立つ。

〈4.5.13 節：与格構文と二重目的語構文〉

二重目的語構文については，影山（編）（2001），久野・高見
（2005, 2013），大庭（2011），畠山（編）（2011），澤田（編）
（2012: 第5章）をはじめとして文献は豊富である。二重目的語
構文の受身文に関しては，その文法性の問題を含め，大庭（2011:
第3章）に詳しい説明がある。

与格構文と二重目的語構文は，常に書き換えが可能というわけ
ではなく，動詞によっては，与格構文しかとらないもの，また反
対に，二重目的語構文しかとらないものがあるので注意が必要で
ある。この点については，大庭（2011），影山（編）（2001）など
が参考になる。

なお，M(d), (e) との関連で，*John gave Mary it. のような
文は非文法的であるが，詳しくは大庭（2011），安井（編）（1987）
などを参照。

〈4.5.14 節：同族目的語構文〉

同族目的語構文に関しては，高見・久野（2002: 第3章），中
島・池内（2005: 第9章），藤田・松本（2005），安藤（2008），
大室（2018: 第2章）などが参考になる。なお，動詞 live につい
ては，高見・久野（2002: 第3章）は他動詞，また，大室（2018:
16）は「実際は，自動詞と他動詞の中間的資格を持つのかもしれ

ない」としている。

〈4.5.15 節：動名詞〉

　動名詞に関する文献はたくさんあるが，有村（他）（2009）は，二つのタイプの動名詞についてわかりやすく説明している。畠山（編）（2011）や中村・金子（編）（2002）も参考になる。

〈4.5.16 節：派生名詞〉

　派生名詞については，動名詞との関係で，有村（他）（2009）や中村・金子（編）（2002）が参考になる。なお，説明の中で言及されている「心理動詞」については，影山（編）（2001：第3章）にわかりやすい説明がある。

〈4.5.17 節：使役・経験の have〉

　使役・経験の have については，久野・高見（2007），高見（2011）に詳しい説明がある。畠山（編）（2011）も参考になる。

〈4.5.18 節：前置詞残留と関係節〉

　関係節については，畠山（編）（2011）にわかりやすい説明がある。(1), (2), (3) と (6) の文体的差異や前置詞残留については，石橋（他）（編）（1996）や宮川・林（編）（2010）が参考になる。

　なお，(4) でみた形容詞用法の不定詞の場合の前置詞残留の例

としては，*Letters* に以下のものがある。

[R]

(g)　A knife is an instrument to cut with.（*Letters*: 300: 9 歳）
　　　（ナイフは物を切る道具です）

また，3.4 節で引用として挙がっている I usually know what part of the city I am in by the odours. は間接疑問文における前置詞残留の例になる。疑問文における前置詞残留については，丸田・平田（2001）を参照。

　以上のことからも，ヘレン・ケラーの場合は，(1) の形を除いて，(2)-(6) の形が使われていることがわかる。

　前置詞残留については，ジャッケンドフが学校文法（いわゆる学校で教える文法で，本書で扱った心的文法（個別文法）とは異なる）との関連で，"It is true that certain grammatical patterns are taught as part of school grammar, for example the rule that a preposition is something you must never end a sentence with. However, English speakers violate this rule all the time, and have for hundreds of years. I just did, two sentences ago."（Jackendoff（1993: 22））（ある文法的なパターンが学校文法の一部として教えられるということも確かである。たとえば，前置詞は決してそれで文を終わらせてはいけないものであるという規則である。しかし，英語の話し手は，いつも，そして何百年もの間この規則を破っている。私もこの文の二つ前の文でそうしてしまったのだが）と書いている。おそら

く意図的と思われるが，a preposition is something you must never end a sentence with という文が前置詞残留を含んでいるということを書くことによって，前置詞残留がよく使われる表現であることを示そうとしたのであろう。この話は有名なようで，同様のことが石橋（他）（編）（1996: 916）や宮川・林（編）（2010: 714）でも言及されている。なお，ジャッケンドフは言語学の本の中では，関係節が that で導かれる場合を除いて「前置詞＋関係代名詞」の形を使っている。

〈4.5.19 節：描写構文〉

　(1) のような nude や raw は，一般に二次述語（secondary predicate）と呼ばれる。二次述語には，描写述語と次の節で扱う結果述語がある。一次，二次については，影山（編）（2009: 267）が「普通，文の中で時制のついた述語を「一次述語」という。これに対して，結果述語と描写述語は時制を伴わずに主語ないし目的語を叙述するから「二次述語」である。」と説明している。一次述語に対応する英語は primary predicate である。

　描写構文に関しては，岸本・菊地（2008）や影山（編）（2009）が参考になる。

〈4.5.20 節：結果構文〉

　結果構文について書かれている文献は豊富である。影山（編）（2001），高見・久野（2002），小野（編）（2007, 2009），大庭

(2011), 澤田 (編) (2012), 畠山 (編) (2011), 岸本・菊地 (2008), 米山 (2009) などが参考になろう。

　なお，4.5.20 節の例文 (2) でみた, shout のような主語の意図的な行為を表す動詞は, 一般に非能格動詞 (unergative verb), また, freeze のような非意図的な状態変化を表す動詞は, 非対格動詞 (unaccusative verb) と呼ばれる。自動詞を用いた結果構文においては, これら二つのタイプの動詞の意味が, (2a), (2b) のような表現の違いに反映すると考えられている。これまでのことを読んで結果構文に興味を持たれた方は, 上に挙げた文献を参考にして, さらに探求していただければと思う。

〈4.5.21 節：結果を表す until/till 節〉

　結果構文と描写構文の曖昧性については, 影山 (編) (2009: 284) を参照。

〈英文法・英語学辞典〉

　4.5 節で見た表現や構文を項目別に取りあげている辞書・事典としては, 荒木・安井 (編) (1992) や中島 (編) (2001) が参考になる。

〈ジャッケンドフに関する文献〉

　ジャッケンドフの考え方については, 彼のこれまでの研究の集大成とでもいうべき Jackendoff (2002) で確認することができ

る。また，この本よりはわかりやすく書かれた Jackendoff (1993) も，ヘレン・ケラーの言語習得を考える際には参考になる（この二つの本については日本語による翻訳がある）。なお，Jackendoff (2010) は，これまでのジャッケンドフの主要な論文を再録した論文集で，ジャッケンドフの全体像をある程度見ることができる。ジャッケンドフの概念意味論については，米山 (2001, 2009) および大室 (2017) を参照されたい。

第 5 章

ヘレン・ケラーから学ぶこと
— 英語の学習法 —

152

　これまで，ヘレン・ケラーの言語習得について，伝記，サリヴァンの教育法，ジャッケンドフの考え方などを通して見てきた。今まで検討してきたことを踏まえたうえで，本章ではヘレン・ケラーの言語習得の過程から我々の英語の学習に活かせる点を探ってみたい。

　日本人にとって，英語の習得はやはり大変である。英語の学習法については，これまでさまざまな考え方が提案されてきた。そのような中でも，「きちんとした英語」を書くということは，日本人にとって大きな壁になっているように思われる。ヘレン・ケラーの場合は，「読む」ことと「書く」ことが連動しているようなので，そのあたりのことを，ヘレン・ケラーとサリヴァンが書いたものに沿って考えてみることにする。

　ヘレン・ケラーは，8 歳頃の読書の思い出について次のように述べている。

　　My mind must, however, have been very impressionable at the period, for it retained many words and whole sentences, to the meaning of which I had not the faintest clue; and afterward, when I began to talk and write, these words and sentences would flash out quite naturally, so that my friends wondered at the richness of my vocabulary.　　　　　　　　　　　　　　　　　　　　　　(*Story*: 88)

（しかし，私の心はその頃とても感受性が強かったに違いありません。というのも，その意味についてはわずかの手がかりもない多くの単語や文章全体を記憶していました。そして，後になって話したり書いたりし始めると，これらの単語や文がごく自然にぱっと心に浮かぶので，友達は私の語彙の豊富さに驚いたものでした）

ヘレン・ケラーの場合は，「霜の王様」の件でも触れたように，並外れた記憶力を持っていたわけであるが，本を読んで語彙を増やすということを心がけていたようである。この点については，サリヴァンが以下のように類似したことを述べている。

Helen drank in language which she at first could not understand, and it remained in her mind until needed, when it fitted itself naturally and easily into her conversation and compositions.　　　　　　　　　　　(Sullivan: 213)

（ヘレンは，初め理解できない言葉も飲み込んでしまいました。その言葉は必要になるまで，すなわち，彼女の会話や作文に自然にそして容易にはまり込むようになる時まで，彼女の心の中に残っていました）

　本を読むことは，知識や経験を増やすことにつながる。サリヴァンは，"[I] think that we shall still find that the constant companionship of good books has been of supreme importance in her education." (Sullivan: 212)（よい本との変わらぬ交わりが，彼女の教育にはきわめて重要だったと今でも思っています）のように，よい本との出会いの重要性に触れるとともに，ライティングの際に留意することとして次のように述べている。

> Too often, I think, children are required to write before they have anything to say. Teach them to think and read and talk without self-repression, and they will write because they cannot help it. … I am convinced that original composition without the preparation of much reading is an impossibility.　　　　　　　　　　　(Sullivan: 211-213)

（子どもは何か言いたいことを持つ前に書くことを要求されすぎているように思います。自己を抑制することなく考え，読み，話すように教えれば，彼らは書かずにはいられないために，書くようになるでしょう。… たくさんの読書による準備がなければ，独創的な作文は不可能だと確信しています）

また，サリヴァンは言語教育における題材について，次のような考えを持っていた。

> I see no sense in 'faking' conversation for the sake of teaching language. It's stupid and deadening to pupil and teacher. Talk should be natural and have for its object an exchange of ideas. If there is nothing in the child's mind

to communicate, it hardly seems worth while to require him to write on the blackboard, or spell on his fingers, cut and dried sentences about "the cat," "the bird," "a dog."

(Sullivan: 177)

（私は，言葉を教えるための「見せかけ」の会話には意味がないと思っています。それは生徒と教師にとって，ばかげていて活気をそぐものです。話は自然で，意見の交換をその目的とするべきです。子どもの心の中に伝えるべきものが何もなければ，「猫」，「鳥」，「犬」について，型にはまった文を黒板に書いたり，指に綴るように子どもに求めるのは，ほとんど意味がないように思います）（worth while は原文のまま）

　長い英語の文が書けるようになるためには，まずは書くべき内容が自分の中になければならない。そのためには，できるだけ多く英語の本を読んで語彙や英語表現を増やし，体験や経験を積んでいく中で，自分の考えていることを人に伝えたいという意欲を持つことなどが必要となってくる。これは，当然といえば当然で，何も新しいことではない。しかし，やはりこれが基本ではないだろうか。

　ヘレン・ケラーから学ぶことがあるとすれば，次の2点になるであろう。一つは，先の基本に立ち返り，英語の本を繰り返し読むことである。もう一つは，何かを経験したら英語で書き留めておくという作業を繰り返すことである。*Letters* を見ていると，

ヘレン・ケラーは小さい頃から，一日の出来事，勉強の中で知っ
たこと，人から贈り物があった場合のお礼，旅行で経験したこ
と，入学試験のことなどを手紙として書いている。*Story* と *Letters* の内容には重なるところも見受けられるので，*Story* はこれ
らの手紙が基になっていると考えられる。そこで一つの方法とし
ては，その週に起こったことや経験したことを英語で書くことを
習慣にすることである。自分の経験したことについては，頭の中
で整理しやすいので，それらを「英語の型」に流し込んで英語を
書くという作業を繰り返す。これにより，英語を書きためるとい
うことも可能になる。そして，英語を書く際には，英語らしい言
い回しを少しずつ使うようにし，語彙とともに表現や構文を増や
してゆくことを考えてみてはどうであろうか。

　ヘレン・ケラーは，"I began my studies with eagerness. Before me I saw a new world opening in beauty and light, and I
felt within me the capacity to know all things." (*Story*: 81) (私は
熱心に勉強を始めました。私の前に美と光の中で新しい世界が開くのを
見ました。私は自分の中にあらゆることを知る能力があることを感じた
のです) の文にもみられるように，よく eager [eagerness] という
単語を使うが，そこには新しい世界を知りたいという彼女の強い
願望が感じられる。私たちも，このような強い願望を持って，英
語習得への道を一歩一歩前に進むようにしたいものである。

あ と が き

　教育に対する取り組み方について，ジャッケンドフは「我々は，学習者を単に事実を詰め込む容器としてではなく，学習の能動的な行為者と考えるべきである。教育は，学習者のかかわりや創造性に力点を置くべきであるが，それは，学習者は結局自分の心の中に知識を構築してゆかなければならないからである。」と述べている（Jackendoff（1993: 35））。第2章で検討したサリヴァンの教育法の中にも，同じような内容の記述が見られる（2.10節の引用参照）。この考え方は教育の原点なのかもしれない。それでは，自分はどうであっただろうかと考えてみると，内心忸怩たる思いもある。

　本書を書いてみて今思うことは，本書で見てきた奇跡は，生徒としてのヘレン・ケラーと教師としてのサリヴァンのコラボ（周りの多くの人の協力があったことを忘れてはならないが）によって成し遂げられたのではないかということである。この二人であったからこそ，この奇跡は起こったのであろう。しかし，我々としては，彼らを特別な二人としてしまうのではなく，彼らが伝えようとしたことを現代にも活かすようにすることが必要となろう。

参 考 文 献

荒木一雄・安井稔（編）(1992)『現代英文法辞典』三省堂，東京．

有村兼彬（他）(2009: 改訂版)『英語学へのファーストステップ：英語構文論入門』英宝社，東京．

安藤貞雄 (2008)『英語の文型：文型がわかれば，英語がわかる』（開拓社 言語・文化選書5），開拓社，東京．

藤田耕司・松本マスミ (2005)『語彙範疇 (I) 動詞』（英語学モノグラフシリーズ6），研究社，東京．

Gill, Jerry H. (1997) *If a Chimpanzee Could Talk and Other Reflections on Language Acquisition*, University of Arizona Press, Tucson.［斎藤隆央（訳）(1998)『チンパンジーが話せたら』翔泳社，東京．］

Goldberg, Adele E. and Ray S. Jackendoff (2004) "The English Resultative as a Family of Constructions," *Language* 80, 532–568.［Jackendoff (2010) に再録．］

畠山雄二（編）(2011)『大学で教える英文法』くろしお出版，東京．

Herrmann, Dorothy (1998) *Helen Keller: A Life*, University of Chicago Press, Chicago.

池上嘉彦 (1981)『「する」と「なる」の言語学：言語と文化のタイポロジーへの試論』（日本語叢書），大修館書店，東京．

池上嘉彦 (1991)『〈英文法〉を考える：〈文化〉と〈コミュニケーション〉の間』（1995年に「ちくま学芸文庫」で出版）筑摩書房，東京．

Ikegami, Yoshihiko (1985) "'Activity'-'Accomplishment'-'Achievement'—A Language That Can't Say 'I Burned It, But It Didn't Burn' and One That Can," *Linguistics and Philosophy: Essays in Honor of Rulon S. Wells*, ed. by Adam Makkai and Alan K. Melby, 265–304, John Benjamins, Amsterdam.

石橋幸太郎（他）（編）(1996)『英語語法大事典』大修館書店，東京．

Jackendoff, Ray S. (1983) *Semantics and Cognition*, MIT Press, Cambridge, MA.

Jackendoff, Ray S. (1985) "Multiple Subcategorization and the θ-Criterion: The Case of *Climb*," *Natural Language & Linguistic Theory* 3, 271–295.

Jackendoff, Ray S. (1990) *Semantic Structures*, MIT Press, Cambridge, MA.

Jackendoff, Ray S. (1993) *Patterns in the Mind: Language and Human Nature*, Harvester Wheatsheaf, New York. ［水光雅則（訳）(2004)『心のパターン：言語の認知科学入門』岩波書店，東京.]

Jackendoff, Ray S. (2002) *Foundations of Language: Brain, Meaning, Grammar, Evolution*, Oxford University Press, Oxford. ［郡司隆男（訳）(2006)『言語の基盤：脳・意味・文法・進化』岩波書店，東京.]

Jackendoff, Ray S. (2007) *Language, Consciousness, Culture: Essays on Mental Structure*, MIT Press, Cambridge, MA.

Jackendoff, Ray S. (2010) *Meaning and the Lexicon: The Parallel Architecture 1975-2010*, Oxford University Press, Oxford.

影山太郎（編）(2001)『日英対照　動詞の意味と構文』大修館書店，東京.

影山太郎（編）(2009)『日英対照　形容詞・副詞の意味と構文』大修館書店，東京.

影山太郎（編）(2011)『日英対照　名詞の意味と構文』大修館書店，東京.

岸本秀樹・菊地朗 (2008)『叙述と修飾』（英語学モノグラフシリーズ 5），研究社，東京.

北川善久・上山あゆみ (2004)『生成文法の考え方』（英語学モノグラフシリーズ 2），研究社，東京.

久野暲・高見健一 (2005)『謎解きの英文法：文の意味』くろしお出版，東京.

久野暲・高見健一 (2007)『英語の構文とその意味：生成文法と機能的構文論』（開拓社叢書 16），開拓社，東京.

久野暲・高見健一 (2013)『謎解きの英文法：省略と倒置』くろしお出版，

東京.

Levin, Beth and Malka Rappaport Hovav (1991) "Wiping the Slate Clean: A Lexical Semantic Exploration," *Cognition* 41, 123–151. [Levin, Beth and Steven Pinker (eds.) (1992) *Lexical & Conceptual Semantics*, Blackwell, Cambridge, MA に再録.]

Levin, Beth and Tova Rapoport (1988) "Lexical Subordination," *Papers from the 24th Regional Meeting of the Chicago Linguistic Society*, 275–289.

宮川幸久・林龍次郎（編）(2010)『要点明解　アルファ英文法』研究社, 東京.

丸田忠雄・平田一郎 (2001)『語彙範疇 (II)：名詞・形容詞・前置詞』（英語学モノグラフシリーズ 7）, 研究社, 東京.

村田勇三郎 (2005)『現代英語の語彙的・構文的事象』開拓社, 東京.

中右実 (1994)『認知意味論の原理』大修館書店, 東京.

中島平三（編）(2001)『［最新］英語構文事典』大修館書店, 東京.

中島平三・池内正幸 (2005)『明日に架ける生成文法』（開拓社叢書 14）, 開拓社, 東京.

中村捷・金子義明（編）(2002)『英語の主要構文』研究社, 東京.

大庭幸男 (2011)『英語構文を探求する』（開拓社　言語・文化選書 23）, 開拓社, 東京.

大室剛志 (2017)『概念意味論の基礎』（開拓社　言語・文化選書 67）, 開拓社, 東京.

大室剛志 (2018)『ことばの基礎 2：動詞と構文』（シリーズ　英文法を解き明かす―現代英語の文法と語法 2）, 研究社, 東京.

小野尚之（編）(2007)『結果構文研究の新視点』（ひつじ研究叢書〈言語編〉第 62 巻）, ひつじ書房, 東京.

小野尚之（編）(2009)『結果構文のタイポロジー』（ひつじ研究叢書〈言語編〉第 80 巻）, ひつじ書房, 東京.

澤田治美（編）(2012)『ひつじ意味論講座 2　構文と意味』ひつじ書房, 東京.

柴田武（他）(1976)『ことばの意味：辞書に書いてないこと』（平凡社選書 47）, 平凡社, 東京.

瀬戸賢一（他）（編）(2007)『英語多義ネットワーク辞典』小学館, 東京.

162

高見健一（2011）『受身と使役：その意味規則を探る』（開拓社　言語・文化選書 25），開拓社，東京.

高見健一・久野暲（2002）『日英語の自動詞構文：生成文法分析の批判と機能的解析』研究社，東京.

田中茂範・松本曜（1997）『空間と移動の表現』（日英語比較選書 6），研究社出版，東京.

安井稔（編）（1987）『［例解］現代英文法事典』大修館書店，東京.

米山三明・加賀信広（2001）『語の意味と意味役割』（英語学モノグラフシリーズ 17），研究社，東京.

米山三明（2009）『意味論から見る英語の構造：移動と状態変化の表現を巡って』（開拓社　言語・文化選書 15），開拓社，東京.

ヘレン・ケラーの本

The Story of My Life/Helen Keller; with supplementary accounts by Anne Sullivan, her teacher, and John Aibert Macy (The Restored Classic); edited with a new foreword and afterword by Roger Shattuck with Dorothy Herrmann (2004), W. W. Norton & Company, Inc., New York, NY.

Helen Keller: *The World I Live In*, (1910), The Century Co., New York.［Internet Archive で閲覧可］

Keller, Helen: *Midstream: My Later Life* (リプリント版), (2011), Nabu Press, Charleston, SC.

翻　訳

ヘレン・ケラー（著）・川西進（訳）（1982）『ヘレン・ケラー自伝』ぶどう社，東京.

ヘレン・ケラー（著）・小倉慶郎（訳）（2004）『奇跡の人　ヘレン・ケラー自伝』（新潮文庫），新潮社，東京.

ヘレン・ケラー（著）・岩橋武夫（訳）（1966）『わたしの生涯』（角川文庫），角川書店，東京.［この本には，*The Story of My Life* と *Midstream: My Later Life* の二つの翻訳が入っている.］

ヘレン・ケラー（著）・岩橋武夫（他）（訳）（1937）『私の住む世界』三省堂，東京.

サリバン（著）・槇恭子（訳）（1973）『ヘレン・ケラーはどう教育された
　　か―サリバン先生の記録』明治図書，東京．［この本は，第 1 章で言
　　及したオリジナル版の Education と Speech に入っているサリヴァ
　　ンの手紙・報告書とメイシーの解説，それにヘレン・ケラーの講演
　　を日本語に翻訳したものである。］

索　引

1. 事項，語彙，人物・出典，物語・記事・雑誌等，機関・場所に分け，日本語はあいうえお順，英語は ABC 順に並べている。
2. 数字はページ数を表す。
3. ヘレン・ケラー，サリヴァン，メイシー，ジャッケンドフについては，事項と関連させた下位項目を設けている。下位項目の順序は，基本的には事項の出現順とする。

［日本語］

人物・出典

物語・記事・雑誌等

172

機関・場所

米山　三明　（よねやま　みつあき）

　1948年長野県生まれ。1974年東京大学大学院人文科学研究科英語英文学専攻修士課程修了。現在，成蹊大学名誉教授。
　著書・論文：『意味論から見る英語の構造：移動と状態変化の表現を巡って』（開拓社　言語・文化選書 15，開拓社，2009），『語の意味と意味役割』（英語学モノグラフシリーズ 17，共著，研究社，2001），『意味論』（英語学文献解題第 7 巻，共著，研究社，2005），"Review Article on Ray Jackendoff's *Languages of the Mind: Essays on Mental Representation*" (*English Linguistics* 11，日本英語学会，1994)，"Verbs of Motion and Conceptual Structure: A Contrast between English and Japanese" (*The Locus of Meaning: Papers in Honor of Yoshihiko Ikegami*，くろしお出版，1997 年)，"Lexicalization Patterns and Path Expressions" (『言語研究の宇宙：長谷川欣佑先生古稀記念論文集』開拓社，2005）など。

ヘレン・ケラーの言語習得
── 奇跡と生得性 ──　　　　　　　　　　　＜開拓社　言語・文化選書 85＞

2020年3月26日　第1版第1刷発行

著作者　　米 山 三 明
発行者　　武 村 哲 司
印刷所　　日之出印刷株式会社

発行所　　株式会社　開 拓 社

〒113-0023　東京都文京区向丘 1-5-2
電話　（03）5842-8900（代表）
振替　00160-8-39587
http://www.kaitakusha.co.jp

Ⓒ 2020 Mitsuaki Yoneyama　　　　　ISBN978-4-7589-2585-3　C1382